당신이
몰랐던
K

'진짜 선진국'
대한민국을 위한
박노자의 불편한 제안

당신이
몰랐던
K

박노자 지음

한겨레출판

서문

K, 지극히 '선진적'인 사막

한국과 러시아 '사이'에서 살면서 늘 느끼는 점은, 이 두 나라가 생각보다 비슷한 구석이 많다는 것이다. 두 국가 모두 20세기 중반에 바야흐로 본격적 산업사회 단계에 접어든 후발 발전 국가들이고, 국가 주도의 공업화와 권위주의를 아프게 경험했다. 러시아에서도 한국에서도 여전히 상당수의 도시민은 농촌에 뿌리를 두고 있는 1~2세 주민들이다. 그래서인지 양쪽 모두에서 시골의 풍속대로 '남자들끼리' 음주를 즐기고, 목욕탕에서 중요한 이야기를 나누는 '남성 문화'를 종종 목격할 수 있다.

군사적 총동원의 경험을 가진 사회인 만큼 양국은 징병 체제나, 군 생활의 억압성도 그 정도가 대단하다. 징병을 부담스러워하며 가능만 하다면 피하고 싶어 하는 양국 젊은이들의 심정역시 충분히 비교할 수 있다. 또한, 교육을 통해 최근까지 '자수성가', 즉 신분 상승이 가능했던 후발 발전 사회인 만큼 양국의 교육열도 출중하다. 한국에서도 러시아에서도 예컨대 노르웨이 같은 나라보다는 학생들이 훨씬 더 많은 숙제를 해야 하고, 훨씬 더 어려운 수학 문제를 풀어야 하며, 훨씬 더 많은 독서를 한다. 이처럼 어느 측면을 봐도 두 국가는 흡사한 부분이 매우 많은데, 그것이 예컨대 한국 영화가 최근 러시아에서 붐을 일으킨 이유 중 하나일 것이다. 그 영화들 속에는 러시아의 역사나 현실이 거울처럼 그대로 담겨 있다. 예를 들어 〈남영동 1985〉 같은 영화를 보는 러시아 관객은, 오늘날 러시아 재야인사들이 겪는 일을 떠올려볼 수 있을 것이다.

양국이 공유하고 있는 또 하나의 사회적 문제는 불행하게도 바로 '세계 최악'에 가까운 자살률이다. 2019년 통계청이 발표한 자료에 따르면, 한국에서는 하루 평균 약 38명이 극단적 선택을 하고 자살률이 인구 10만 명당 26.9명이다. '부자 나라 클럽'이라고 할 만한 경제협력개발기구(OECD) 가입국 중에서는 단연 최악이다. 한국과 달리 러시아는 경제협력개발기구 가입국도 아니고, 향후 가입할 전망도 보이지 않는다. 그런데 신뢰하기 어려운 러시아 국내 통계가 아닌 세계보건기구(WHO)의 통계를 살피면, 러시아의 자살률 역시 인구 10만 명당 25명 정도로 한국과 엇비슷한 수준이다. 양쪽의 자살률은 세계 평균인 인구 10만 명당 9명에 견줘 3배 정도 높다. 즉, 한국과 러시아 양국은 "자살 공화국"의 오명을 결코 벗어날 수 없다.

한데 두 나라의 자살률 추이 곡선을 보면 유의미한 차이가 바로 눈에 띈다. 러시아의 자살률은 1990년대 초·중반에 최악 (인구 10만 명당 40명 이상)이었다가 그 뒤로는 꾸준히 내려가고 있다. 한국의 경우에는 2011년에 최악(인구 10만 명당 31명)에 도달한 뒤, 최근 5~6년 동안 25~26명 수준에서 고착된 모습을 보인다.

이 차이를 이해하려면 두 나라가 '자살 공화국'이 된 원인을 세밀히 살펴봐야 한다. 러시아의 경우에는, 소련의 몰락(1991년) 당시 인구 10만 명당 20명 안팎이었던 자살률이 그로부터 3~4년 뒤에는 거의 2배로 껑충 뛰었다. 공동 이념의 상실, 탈산업화와 빈곤화 속에서 알코올중독률이 하늘 높은 줄 모르고 치솟아 올랐고 자살이 과거보다 훨씬 빈번해졌다.

반면, 2000년대 초반부터 경제 사정이 나아지고 사회가 안정화되자 알코올중독률이 계속 줄었고, 자살률도 대체로 하향 곡선을 그렸다. 러시아에서 자살률은 정확히 빈곤율, 그리고 알코올중독률과 정비례한다. 가장 가난하고 가장 술 소비가 많은 일부 오지 농경 지역의 자살률은 인구 10만 명당 40~50명에 이르지만, 상대적으로 부유하고 건강한 라이프스타일이 선호되는 모스크바의 자살률은 인구 10만 명당 4명 정도로 세계적으로 보아도 낮은 편이다.

물론 생활고나 취업 실패에 시달리다 더 이상 버티지 못해 극단적 선택을 하는 경우는 한국에서도 어렵지 않게 찾을 수 있다. 자살 충동을 느꼈다고 스스로 밝히는 사람의 3분의 1 정도는 그 이유로 경제적 어려움을 거론하니 분명히 한국에서도 빈곤과 자살은 직결되어 있다. 그러나 소련의 몰락 이후 돌연 생활수준이 평균 2배 이상 떨어지고 빈곤율이 35%에 달하며 절망의 도가니를 방불케 했던 1990년대의 러시아와 달리, 한국은 대체로 꾸준히 경제성장을 해왔다. 한국의 빈곤층이나 중하층이라 해도 비록 소폭이긴 하지만 절대 소비액은 장기적으로 조금씩 늘어갔다. 굳이 이야기하자면, 1980년대에 빈곤층의 경제적 고통은 매우 심각했다. 그러나 당시 자살률은 인구 10만 명당 7~8명에 불과했다. 부유해지고, 심지어 '선진국' 타이틀까지 따낸 대한민국에서 최근 20여 년간 자살이 유행병처럼 번지게 된 원인은 무엇일까?

한국적 자살 현상의 배경은 양극화 속의 빈곤, 극심한 노인 빈곤, 노동시장의 이원화와 '불안 노동'의 증가, 그리고 노동시장 진입 실패자의 증가 등이다. 그러나 이는 사회구조적인 원인이며 개인의 경우로 한정하여 이유를 살펴보면 중요한 원인으로 떠오르는 것은 무엇보다 타자, 사회와의 '관계'다.

대체로 인간에게 온갖 고통에도 불구하고 계속 살아갈 힘을 주는 심리적 요소는 바로 타자의 관심과 존중, 그리고 소속감이다. 아무리 가난해도, '나'를 걱정해주고 나의 존엄성을 인정해주는 가족이나 친구, 나에게 존재감을 부여해주는 어떤 집단에 대한 소속감만 있다면, 그것만으로도 대부분의 사람들은 극단적 선택을 피하고 버틸 수 있다. 그러나 이 세 가지 요소의 결핍은 부유하고 '선진적'인 오늘날 대한민국을 심리적인 '사막'으로, 개개인이 대체로 불행하고 우울한 사회로 만들었다. 왜 한국 사회에 타자에 대한 관심과 존중, 그리고 나와 남을 이어주는 소속감이 이렇게 고갈되었는지, 나는 이 책에서 나름대로 설명해보려고 노력했다.

남한테 관심을 두지 않고 타인을 동반자가 아닌 '잠재적 적'으로 인식하는 태도가 한국 사회에 만연한 이유를, 최근에 러시아를 비롯해서 전 세계의 주목을 끈 〈오징어 게임〉 같은 드라마는 너무나 잘 보여준다. 이 드라마에서 나온 살인적인 생존 게임은 사실 각자도생, 약육강식, 우승열패(優勝劣敗)의 신자유주의 모범 국가인 대한민국에서의 하루하루 현실의 풍유(諷諭), 즉 알레고리다. 물론 이 현실 속에서는 경쟁자가 된 모두가 서로를 '물리적으로' 죽이는 건 아니다. 그렇지만 이 책에서 보여줄 내용처럼 사회화 과정에서 구성원들에게 "오로지 너의 성공을 위해서만 '노오력'하라"는 인식을 심어주고, 처절한 생존경쟁에서 누군가가 "능력이 모자라" 탈락하여 낙오되는 것을 당연시하게끔 만들어준다는 점에서 동일하다. 타자에게 관심을 두자면 기본적으로 대타적인 공감 능력부터 가져야 하는데, 신자유주의적 사회에서 공감 능력은 오히려 삶이라는 경쟁의 전장에서의 '약점'이 된다.

이 책의 3장에서 지적한 것처럼, 이런 사회에서 집단 통합 논리로서 공감과 연대를 대신하는 것은 바로 타자를 향한 각종 혐오다. 인간의 가치가 자본축적에 도움이 될 '능력'만으로 재단되는 이곳에서 여성, 중국인 내지 중국 조선족 동포, 이슬람 국가 출신의 이민자 등은 쉽게 혐오의 대상이 된다. 이들은 보통 이 사회의 주류 집단인 중산층 한국인 남성과 어떤 면에서는 다르면서 동시에 더 약한 존재들이다. 이들에 대한 혐오는 주류 집단을 결속시켜주는 힘이 된다.

타인을 존중하려면, '나'와 남의 동등함이 사회의 기본 이념이 되어야 한다. 동등함이 아닌 위계가 기본 이념인 사회에서는 '나' 밑에 있는 약자는 당연히(?) 짓밟아도 되는 존재로 여겨질 것이며, '나' 위에 있는 강자는 존중도 아닌 아부의 대상이 될 것이다. 생존 게임에서 낙오될 것처럼 보이는 사람은 무시될 것이고, 경쟁에서 모종의 승산이 있어 보이는 타자는 이용의 대상이 될 것이다. 이 책의 2장에서 설명한 것처럼, 경쟁의 전장이 되어버린 사회는 어쩔 수 없이 '존중'이 설 자리가 없는 위계의 사회가 된다. 이 위계라는 것은, 전(全) 사회를 포괄하는 동시에 놀랍도록 세밀하고 세분화된 메커니즘으로 작동한다. 예컨대 한국인 노동자가 외국인 노동자를, 대졸자가 고졸자를, 명문대 출신이 지방대 출신을, 명문대 서울 캠퍼스 출신이 명문대 지방 캠퍼스 출신을 각각 차별해도 되는, 너무나 복잡다단한 먹이사슬이다. '급'이 낮거나 아예 없는 사람이라면 '인간 대접'을 절대 받을 수 없는 이런 사회에서는, 이미 강자가 됐거나 강자가 될 가망이 있는 사람이 아닌 경우, 극단적 선택을 고려하게 만들 만큼 심각한 심리적 상처를 너무나 쉽게 받을 수 있는 것이다.

표면적으로 보면 한국인의 삶 속에는 늘 '소속'이 있다. 이 책의 4장에서 이야기한 것처럼, 학교에 다니는 학생들은 비록 '미래의 노동자'로서 노동권 등의 권리 의식 같은 것을 익히지는 못하지만 '대한민국 국민'이라는 국가적 정체성을 정확히 갖게 된다. 직장에서는 여전히 구성원들을 '식구'라고 부르고 회식 같은 소속과 복종의 의례들을 거행한다. 그러나 1장에서 언급한 것처럼 이 국가는 '불온 분자'에 대한 탄압을 과거의 각본대로 하면서도 여전히 개인에게 생존을 보장해주지 못하며 부와 신분을 세습 받지 못하는 다수를 끝이 보이지 않는 "오징어 게임" 속으로 사실상 밀어 넣는다. 한국이라는 국가는 월북하려는 사람을 사살해 죽일 순 있지만, 영양실조에 걸려 천천히 죽어가는 극빈층은 그다지 잘 살리지 못한다. 앞에서 이야기한 대로 매일 평균 약 38명이 자살하는 것과 더불어 매일 1명씩 영양실조 사망자가 발생하는 곳이 바로 신생 선진국인 대한민국이다. 기업 역시 노동자로 하여금 산업재해의 위험을 감수하게 하고, 초장기 근로를 강요해 개인의 거의 모든 시간을 식민화하면서도 명목상의 '식구'에 대해 그 어떤 책임도 지지 않으려 한다. 그 어디에서도 '나'를 책임져줄 조직체가 없다면, 취약한 개인으로서 자살 유발의 원인이 될 수 있는 불안을 떨쳐버리기가 과연 쉽겠는가?

6장에서 이야기한 것처럼 코로나 사태 속에서 한국은 행정, 과학 강국의 '힘'을 보여주며 상대적으로 선전(善戰)했다. 경제력, 군사력, 행정력으로 보면 2022년의 한국은 세계 유수의 부국이자 강국이다. 그러나 '나라'가 아무리 부강해져도 '개인'은 계속 마음이 병들어간다. 자본과 국가의 '성장' 대가를, 부단한 생존 게임 속으로 빨려 들어가 종종 '자살'을 생각할 만큼 힘들어 하는, 그러나 그러면서도 서로의 아픔을 잘 어루만지지도 못하는 이 부유한 나라의 가난한 개인들이 치르고 있는 것이다. 시작도 끝도 없는 폐쇄 회로를 달리는 듯한 이 '설국열차'를 과연 멈추게 할 수 있는가?

1장과 5장에서 언급한 바처럼, 오늘날 우리는 전 세계적인 자본 위기의 시대를 살아가고 있는 중이다. 자본 위기의 시대가 가속화될수록 신권위주의와 신민족주의가 전 지구적으로 번지고, 또 그에 대한 대항력으로 민초들의 좌파적 급진화도 확산된다. 반면에 작금의 한국 사회는 왼쪽으로 가지 못하고 우향우해서 여태까지 피를 흘려 쌓은 민주화의 성과 일부를 잃을 가능성이 여전히 잠재적으로 존재한다. '왼쪽으로 간다'는 것은 단순히 생태형 복지국가의 건설만을 의미하는 것은 아니다. 대학 평준화, 비정규직 고용 사유의 제한, 외국인 고용허가제 폐지와 노동허가제, 영구 정주를 위한 제도의 도입도 필요하지만, 제도 개혁만으로는 진정한 의미의 진보를 보장해주지 못한다. 이와 같은 제도 개혁들과 동시에 이 사회의 에토스(ethos), 즉 이 사회의 상식과 통념이 바뀌어야 한다. 개인을 '능력' 위주로만 평가하여 그 개인에게 '급'을 매기고, '경제성장'을 최고의 사회적 가치로 여기는 의식은, 결코 '행복'을 가져다줄 수 없다. 우리가 단순히 부강한 나라만이 아닌 행복한 나라를 원한다면, '능력'의 유무나 위치 고하를 떠나 만인이 그 존엄성을 존중받을 권리를 갖는다는 점, 그리고 사회의 목표는 성장이 아닌 인간과 생태계의 총체적 생존이라는 점부터 상식화해야 할 것이다. 이와 같은 의식의 전환이 이루어질 때 비로소 타자를 밟아야 본인이 올라갈 수 있는 사막 같은 사회가 아닌, '나'와 남이 서로의 아픔을 치료해주고 삶을 같이 즐길 수 있는 사회가 될 수 있을 것이다.

| 차례 |

2장 위계-'높으신 분' 없는 세상을 위하여

3장 혐오-나는 혐오한다, 고로 존재한다

4장 노동-일이라는 식민지

5장 세계-'아래로부터'의 세계화를 위하여

6장 미래-사라져야 할 것들, 와야 할 것들

1장

과거 – 돌아오는 망령들

다시 돌아온 저주, 가난

인간에게는 고질병이 하나 있다. 바로 '소망적 사고'다. 우리는 너무나 쉽게, 이 세계가 우리가 원하는 방향으로 돌아간다고 낙관한다. 한데 결국에 이 낙관이 현실과 우리의 희망을 혼동한 판단착오라는 것을 알게 된다. 1930년대의 경제공황과 파시즘의 횡행 같은 자본주의 위기의 후과(後果, 뒤에 나타나는 좋지 못한 결과)들을 목격한 전후 호황기 지식인들은 1950~1960년대에 앞을 다투어 고전적 자본주의에 사망 선고를 내리곤 했다. 1960년대에 베스트셀러가 된 《풍요한 사회》(1958)의 저자 존 갤브레이스(John Galbraith, 1908~2006)는 전후 호황기 속에서 가난의 문제가 이미 해결되었다고 한때 장담하지 않았던가? 그뿐인가? 사회학자 대니얼 벨(Daniel Bell, 1919~2011) 등은 '탈산업사회'라는 관념을 대중화했고, 1980년대 이후의 포스트모던 사상가들은 고전적 자본주의를 벗어나 욕망을 생산하고 소비하는 '신세계'

의 밑그림을 그렸다. 그들은 적어도 세계 체제의 핵심부에서 초과 착취와 과로 노동, 가난 등이 영원히 사라졌다고 낙관했다. 하지만 이제 보니 그들의 진단은 완전히 틀렸다. 전후 호황기는 이미 1970년대에 끝나가고 있었고, 본격적인 신자유주의 도입과 함께 1990년대 이후에 고전적 자본주의의 모든 증상이 다시 산업화된 고소득 사회에 돌아왔다. 그중 하나가 바로 가난이다.

가난은 모종의 결핍을 의미한다. 1차적으로 기본적 욕구, 즉 의식주를 해결할 물질의 부족을 함의하지만, 굶주림이나 불충분한 영양 섭취만이 가난은 아니다. 휴식도 1차적 욕구인데 쉴 여유가 별로 없는 사람은 '시간 빈곤'에 시달린다고 표현해도 좋다. 성(性)도 마찬가지로 1차적 욕구에 속하는데 성관계를 맺을 여력이나 여유조차 없는 상황을 '성 빈곤'이라고 규정할 수 있을 것이다. 그런데 대부분의 인간들은 성만을 필요로 하지 않는다. 2차적 욕구, 즉 심리적 욕구 중의 가장 근본적인 것은 친밀한 관계, 이른바 애정 내지 우정 관계에 대한 욕구다. 그러한 욕구가 충족되지 않을 때는 '관계 빈곤'을 이야기할 수도 있다. 그리고 본능적, 심리적 욕구들이 충족되면 인간은 궁극적으로 자기실현을 희망할 여유를 갖게 된다. 돈이나 사회적 인정, 신분 상승을 위해서도 아니고 그저 '내가 좋아서', 본인만의 꿈을 실현하기 위해서 일을 하게 된다. 참고로 누구나 자유로이 자기실현을 할 수 있고, 그 자기실현이 공공의 이익에 도움이 되는 사회를 카를 마르크스(Karl Marx, 1818~1883)는 '공산주의'라고 명명했다. 한국에서 공산주의는 일당 통치 체제나 국유 경제 등으로 종종 오해되는데, 공산주의의 본래 의미는 더 이상 소외가 없는 사회에서 만인이 평등하게 자기실현을 도모할 자유다.

그런데 인류의 궁극적인 이상이자 희망인 이 공산주의로부터 우리의 거리는, 지금도 《공산당 선언》이 발표된 1848년 당시 공산주의와 당대 사람들의 거리만큼이나 멀다. 신자유주의는 전후 호황이 그나마 해결해준 것 같았던 1차적 욕구의 충족마저도 다시 문제로 만들었다. 노년층의 절반이 빈곤층에 해당하고, 산업화된 사회 중 노인의 가난이 가장 심각한 수준에 이르는 한국에서 상당수의 노인은 과일이나 동물성 단백질을 충분히 먹지 못한다. 2018년 매일유업 사코페니아연구소가 진행한 조사에 의하면 65세 이상 노인의 30%는 단백질 섭취를, 66%는 과일 섭취를 각각 충분히 하지 못한다고 한다. 이것이 과연 1인당 국민소득 3만 달러 시대를 맞은 선진국 대한민국의 모습이냐고 반신반의할 만도 하다. 하지만 1인당 국민소득이 한국의 거의 2배인 미국에서의 상황은 더 심각하면 심각했지 덜하지는 않다. 미국 총인구의 8분의 1, 즉 약 1,200만 명의 아동을 포함한 약 4,000만 명은 '식량 접근이 불안정한 인구', 쉽게 이야기하면 영양부족에 노출되어 언제 굶을지 모르는 식량 빈곤 인구로 분류됐다. 그러하니 '3만 달러' 따위의 숫자놀이나, '선진국' 같은 타이틀은 사실상 무의미하다. 신자유주의적 분배 구조는 음식 쓰레기가 넘쳐나는 사회에서도 기아 상태로 언제 떨어질지 모를 식량 빈민들을 낳는다.

물론 빈곤층의 영양부족 규모는 제1차 세계대전 이전의 고전적 자본주의 시대에 비해 그나마 나아진 편이다. 한데 시간 빈곤과 휴식 빈곤은 가히 한 세기 이전의 수준에 가까워져 간다고 할 수 있겠다. 한국이 세계 최악의 초장기 근로 사회 중 하나라는 사실은 한국인이라면 모르는 사람이 없을 것이다. 일부 업종의 과로 수준은 그야말로 살인적이다. 일례로 주당 평균 근무 시간이 55시간 정도 되는 집배원의 과로사가 잇따르지 않는가? 문제는 이 한국적인 만성 과로, 만성 스트레스 상황이 점차 세계의 새로운 '표준'이 되고 있다는 것이다. 한국이 아닌 미국에서는 23%의 임금 근로자들이 만성적 피로증을 호소했다(2018년 갤럽 조사). 해고 불안에 비현실적인 생산성 요구, 거기에다가 길지 않은 휴식 시간인 저녁에도 필수적으로 응답해야 하는 직장으로부터의 문자나 이메일 연락…. 새로운 정보통신 수단들은 문명의 이기에서 노동자들의 건강을 치명적으로 해치는 흉기로 변한 것이다. 그런 변화의 가능성이야말로 자본주의의 본질적 속성이다.

한국이든 미국이든 치솟는 부동산 가격과 육아 비용 등에 대한 걱정, 그리고 직장에서의 불안과 스트레스에 찌들 대로 찌들어 만성적으로 피곤한 사람들을 늘 주위에서 볼 수 있다. 매일 파김치가 되고 이런저런 걱정을 덜어내지 못하는 사람이 성관계를 맺을 여력을 갖기가 쉽겠는가? 한국은 일본과 마찬가지로 이미 전 세계가 알아주는 '섹스리스(성관계 빈도가 매우 낮은)' 사회가 됐다. 결혼 여부와 관계없이 37.9%의 한국 성인은 성관계를 거의 맺지 않고 산다. 이들의 성관계 횟수는 월 1회 이하인 것으로 나타났다(2014년 한국성과학연구소·리서치 전문회사 마크로밀 엠브레인 조사). 미국은 그보다 덜하긴 하지만 부부간 성관계 횟수가 30년 전에 비해 약 30%나 떨어졌다는 연구 발표가 있었다. 제대로 된 음식이 혼자 먹는 패스트푸드로 대체되듯이 인간관계를 맺으면서 이루어지는 '자연적' 성관계는 많은 경우에 각종 '야동'이 뜨는 컴퓨터 화면 앞에서의 혼자만의 자위행위로 대체된다. 성관계를 맺을 시간이나 에너지조차 없다면 과연 지속 가능한 애정 관계를 이끌어나갈 여유는 있겠는가? 2018년 한국보건사회연구원의 조사에 따르면, 한국에서 20~44세 미혼 남녀 가운데 실제 이성교제를 하는 사람은 10명 중 3~4명에 불과하다. 결혼이나 동거는커녕 연애도 사치로 통하는 시대, 이 시대야말로 관계 빈곤의 시대가 아닌가?

갤브레이스나 벨의 진단과 달리 전후 호황기는 자본주의의 본질을 전혀 바꾸지 않았다. 그 호황기를 대체한 오늘날의 신자유주의 사회는 분명 풍요롭지만, 그 풍요에 수반하는 것은 생활의 모든 부문에 걸친 상대적 빈곤화다. 명목상의 임금 액수가 올라도 어차피 (특히 대도시의) 치솟는 집값이나 기본 서비스의 가격 등을 따라잡지 못한다. 이윤율이 떨어진 제조업 대신에 엄청난 투자금이 이제는 부동산 내지 사회 서비스 부문 등으로 흘러들어가기 때문이다. 자본이 원하는 이윤은, 노동자이자 소비자들에게는 상대적 빈곤화를 의미한다. 대다수의 사람들은 지갑 사정이 빠듯할 뿐만 아니라 마음의 여유도 시간적 여유도 없고, 대인 관계에서도 행복감을 찾지 못한다. 자본이 우리에게 빼앗은 삶의 행복을 되찾는 것이야말로 이 시대 진보 투쟁의 궁극적 목표가 되지 않을까?

1930년대가 돌아온다

도널드 트럼프(Donald Trump, 1946~) 대통령 시절에 나는 한때 뉴스 사이트에 들어가기가 무서웠다. 미군의 이란 공격이 개시 10분 전에 극적으로 정지됐다는 기사를 읽었을 때는 하도 놀라서 심장이 뚝 떨어지는 듯했다. 이란 공격이 정말 개시됐다면 중동 지역에서 아마도 며칠 사이에 수만 명의 무고한 사람들이 목숨을 잃었을 것이다. 결국 초대형 참극을 겨우겨우 모면한 셈인데 그때는 이란에 대한 도발들에 관해서 미국 사회가 이상하리만큼 조용했다. 중동이라는 화약고에 불을 붙일 뻔한 전쟁광들의 불장난에 대한 비판의 목소리가 그다지 들리지 않았다. 군사 모험주의가 새로운 '상식'이 된 것일까?

최근 뉴스에서 가장 자주 눈에 들어오는 단어는 '제재'다. 각종 경제·무역 제재는 이제 만능의 외교 수단이 된 느낌이다. 지금 미국의 경제 제재나 무역 전쟁의 대상에 오른 나라만 해도 거의 20개국 정도 된다. 북한이나 이란, 러시아, 중국에 대한 제재 등은 잘 알려져 있지만, 미국의 제재 대상국들은 베네수엘라부터 수단까지 참으로 다양하다. 그러나 미국뿐인가? 유럽 국가들이 중국에 대한 '민감한' 기술 수출을 자제하는가 하면, 중국은 한국에 대한 사드(THAAD, 고고도 미사일 방어체계) 보복에 나섰다. 미국과 유럽의 제재 대상이 된 러시아는 북한에 대한 제재를 적어도 표면적으로는 하고 있으며, 최근에는 조지아(과거의 그루지야) 등 주변의 '지나치게 친미적인' 약소국에 꽤나 아픈 제재를 또다시 가했다. 세계 각국이 제재를 가하고 제재를 받는 것은 이제 다반사다. 제재는 열전(熱戰)과 다르지만 그 목적은 동일하다. 상대방을 (돈의) 힘으로 굴복시키는 것이다. 낮은 수준의 전쟁인 제재는 이제 지구촌의 일상이다.

이 지구촌에서 마이너리티로 사는 것은 늘 어렵다. 한데 그들에 대한 일상적인 차별이 최근에는 마녀사냥과 같은 광란으로 변하고 있다. 미국은 트럼프 대통령 시절, '불법 이민자'들을 무조건 수용소에 집어넣으면서 부모와 영유아들을 떼어놓는 등의 반인륜 범죄를 저질렀다. 그런가 하면 중국에서는 거의 100만 명에 이르는 위구르족 등 이슬람 신자들이 각종 '재교육 캠프'에 강제수용되어 반인도적 인권 유린의 대상이 되고 있다고 외신들은 보도한다. 미국의 공식 이념은 자유민주주의고 중국의 공식 이념은 사회주의지만, 양국의 마이너리티 정책에서는 민주주의나 사회주의의 흔적이 더 이상 보이지 않는다. 타자를 강제로 쫓아내거나 '우리'와 동화시키려는 국가의 폭력만 눈에 띌 뿐이다. 미증유의 생존권 위협에 놓인 위구르족에 대한 정책들은 한민족이 일제강점기 말에 겪은 민족말살정책을 방불케 한다. 우리는 정말 1930년대나 제2차 세계대전과 같은 암흑기로 돌아가고 있는가? 역사는 그대로 돌아가는 법이야 없지만 1930년대의 '소프트'한 변종이 지금 다시 도래하고 있는 것은 사실로 보인다.

'소프트한 변종'이란 1930년대와 오늘날 사이의 '정도의 차이'를 뜻한다. 그때나 지금이나 자본주의의 축적·재생산 모델이 고장 난 상태인 것은 동일하다. 하지만 적어도 세계 체제 핵심부나 준핵심부에서 국가적 재분배 시스템이 가동되고 있는 오늘날에는 다수가 체감하는 절대적 박탈의 정도가 그때와 다르다. 예컨대 유럽 경제의 중심인 독일에서마저 이제 총인구의 거의 20%가 빈민으로 분류되지만, 이들의 대부분은 1930년대와 달리 영양실조의 위협까지는 받지 않는다. 절대적 빈곤이 1930년대에 비해 감소하면서 절망에 빠진 다수가 극우 궤변가 집단에 몰표를 던져 역사적 비극을 다시 낳을 확률도 어느 정도 적어졌다. 독일이나 프랑스 같은 유럽의 핵심 국가들은 여전히 중도 정객들에 의해 통치되고 있다. 단, 다수의 유럽 시민은 주류 정치에 대한 희망을 이미 잃었는데, 이것이야말로 1930년대를 방불케 하는 점이다.

1930년대는 세계대전으로 끝났지만, 핵무기의 존재가 전면적 대전을 거의 불가능하게 만드는 오늘날에는 열강 사이의 대리전과 유사 전쟁들이 판을 친다. 앞에서 이야기한 무역 전쟁이나 제재전은 광의의 유사 전쟁에 속한다. 한데 그뿐인가? 주요 열강 사이의 서로에 대한 사이버 공격이나 여론 흔들기, 호도를 위한 여론 전쟁, 정보 전쟁, 온라인상의 게시물이나 댓글로 벌이는 전쟁들도 이제 일상이다. 이와 동시에 열강을 중심으로 하는 지정학적 '지층' 사이에 놓인 약소국에서는 계속해서 강대국의 침략이 벌어지거나 대리전들이 터지곤 한다. 우크라이나 동부나 시리아는 이미 황폐해졌고 이란과 베네수엘라는 언제 미국의 직접 공격 내지 미국이 사주하는 내전의 무대가 될지 알 수 없다. 꼭 열전이 벌어지지 않는다 해도 전쟁이 계속 발발할 것 같은 분위기는 군비 증액을 부추겨 군수기업의 이윤 창출로 이어진다. 사실 이것이야말로 군사 모험주의 분위기를 부추기는 주된 목적이기도 하다.

1930년대나 지금이나 자본주의는 기본적으로 이윤율 저하의 위기에 봉착했다. 한데 시장 경기 하락과 무관하게 지속적인 이윤을 뽑을 수 있는 업종이 있다. 바로 관수 위주의 군수공업이다. 시장 상황이 나빠질 때 총자본은 늘 전쟁을 요청한다. 2000년의 소위 '닷컴 위기', 즉 신생 정보기술(IT) 기업들의 과잉 투자·생산 위기가 아프가니스탄과 이라크에 대한 공격으로 이어진 것은 과연 우연이었을까? 자본의 위기가 깊어질수록 군비가 늘어나게 되어 있다. 세계의 군비 총액은 이미 냉전 말기보다 높은 데다 계속 증액되는 중이다. 세계대전에 비할 만한 큰 전쟁이 날지는 알 수 없지만, 이런 상황에서 크고 작은 전쟁들이 터지는 것은 필연이다.

세계적 자본의 위기, 빈곤화, 공격적인 국가주의적 민족주의의 광란과 마이너리티들의 비극, 그리고 무역·정보·가상 세계의 전장화와 대리전들의 일상화…. 이처럼 만성적 불안의 암흑기로 접어든 세계에서 한반도의 급선무는 무엇인가? 첫째도 평화, 둘째도 평화, 셋째도 평화다. 한반도야말로 지정학적 '지층' 사이에 놓인 완충지대의 전형적 사례다. 한반도 전장화의 위험이 현실화되기 전에 남북한 사이의 신뢰 구축을 통해 그런 위험을 제거하기 위해 노력해야 한다. 남북한이 가면 갈수록 대립이 장기화되고 공고해지는 두 열강(미국과 중국)과 각각 군사동맹 관계를 맺고 있는 상황에서는, 남북한 사이의 평화와 친선이 외부 국가들과의 그 어떤 동맹보다 더 우선하는 수준까지 남북 관계를 끌어올려야 한다. 열강의 패권 구도는 늘 변하기 마련이지만, 그 패권 구도가 한반도의 현실을 지배하게 되는 순간 청일전쟁, 러일전쟁, 한국전쟁 시절 같은 한반도 전장화의 악몽은 다시 돌아온다.

평화와 함께 현 정부가 한때 시도했다가 말았던 소득주도성장 정책보다 훨씬 더 과감한 무역의존 모델로부터의 탈피도 필요하다. 상호 제재와 무역 전쟁이 일상화되는 상황에서 한국 경제의 국민총소득 대비 수출입 비율이 86.8%(2018년 한국은행 발표 자료)나 된다는 것은 치명적 약점이다. 물론 아무리 저소득층의 소득을 높이고, 국가의 재분배 기능을 강화하고, 내수를 대폭 키워도 세계 자본주의 전체가 깊은 위기에 빠진 오늘날의 국내외적 상황을 근본적으로 바꿀 수는 없을 것이다. 우리는 당분간 불안과 상대적 빈곤화의 시대를 살아야 한다. 단, 평화의 추구와 부의 국가적 재분배 강화를 통해 적어도 우리에게 다시 닥쳐온 시련의 시대가 한반도 전체와 개개인에게 가하는 타격을 어느 정도 완화할 수는 있을 것이다.

이순신을 교과서에서 빼야 하는 이유

2018년 11월 13일, 같은 학급의 한국 아이들이 한국인·러시아인 혼혈인 아이를 구타한 끝에 아파트 옥상에서 떨어져 죽게 만든 인천 중학생 집단 폭행 및 추락사 사건을 접하고 나서 밤잠을 이루지 못했다. 피해자의 마지막 순간들을 상상하면 이 세상에 살고 싶은 마음 자체가 금방 사라질 정도다. 그런데 과연 끔찍했던 것은 피해 학생의 마지막 순간들만이었을까? 가난하기에, 다문화 가정 출신이라서 남들과 조금 다르게 생겼기에 학교에서 매일같이 모욕당하고 얻어맞아야 했던 아이의 삶은 그 자체로 고문의 연속이었을 것이다. 물리적 폭력보다 심리적 따돌림이 훨씬 더흔한 노르웨이에서도 따돌림 피해자들이 모욕으로 점철되고, 자존감 확립의 기회를 주지 않는 삶을 포기하고 스스로 목숨을 끊는 일은 종종 있었다. 물리적 폭력이든 심리적 따돌림이든 그 후유증은 대개 피해자를 평생 따라다니며 어른이 되고 나서도 심신의 건강에 악영향을 미친다. 악덕한 고문과 다를 바 없는 후유증을 남기는 학교폭력을 대한민국에서 적어도 약 9~10%의 취학 연령 아동들이 경험한다는 것을 생각해보면 소름이 끼칠 따름이다. 아무리 앞으로 1인당 명목 국내총생산이 일본과 같은 4만 달러가 되고 미국과 같은 6만 달러가 된다 해도, 가난과 '남과 다른 외모' 말고는 지은 죄도 없는 아이가 고문을 당해야 하는 나라라면 과연 살기 좋은 나라가 될 수 있을까?

인천 중학생 집단 폭행 및 추락사 사건을 생각하면서 나는 나 자신의 아동기를 떠올리기도 했다. 이 사건의 피해자처럼 나도 중학교 시절에 줄곧 '왕따'였다. 피해자가 '다문화 가정'이라고 야유를 당했다면 나는 '유대인'이라는 이유로 따돌림과 폭력을 당했다. 피해자의 '다르게 생긴 얼굴'이 가해자들이 폭력을 행사한 이유였다면 나는 '뚱뚱하다'는 이유로 모욕과 욕설을 듣곤 했다. 나의 경우나 내가 직접 목격한 다른 학교폭력의 경우에는 대개 피해자들의 내성적 성격과 물리적 방어 능력의 부족 등이 가해자들에게 폭력의 빌미를 주곤 했다. 혁명정신이 해이해질 대로 해이해진 말기의 소련이라 하더라도 1시간 반 동안이나 이루어진 집단 폭행이라든가 추락사 등은 상상하기 어려운 일이었다. 과도한 학습 노동 스트레스와 과열 경쟁, 각자도생의 병리적인 사회적 분위기가 아니라면 보통의 10대 중반 아이들은 이런 일을 저지를 만큼 심성이 쉽게 난폭해지지 않는다. 그렇다 하더라도, 집단 폭행도 아닌 모욕적 제스처나 폭언을 몇 년간 지속적으로 들다 보면 마음속에 응어리가 생기기에 충분하다. 당시의 어린 나는 모든 민족들의 친선과 고상한 공산주의적 도덕률을 말로 선포하면서도 실생활에서 소수자에 대한 폭력과 아이들 사이의 약육강식을 말리지 못하는 국가와 사회가 괘씸하기만 했다. 어른 사회의 언행 불일치가 너무나 눈에 띄었던 것이다.

나는 아동기에 폭력을 당하면서 계속 그 원인들에 대한 분석을 시도하기도 했다. 대타적 폭력 충동이 인간 본성에 내재한 일부분이라는 생각을 나는 처음부터 일축했다. 나를 포함한 여러 폭력 피해자들도 분명히 가해자들과 같은 인간인데, 왜 타자에게 폭력을 가하고 싶은 충동을 전혀 느끼지 못하는가? 이 의문으로부터 나는 폭력이 '모든 인간들의 본능'이라기보다는 어떤 특정 상황에서 발현된다는 것을 쉽게 눈치챌 수 있었다. 예컨대 가해자들의 이야기를 들어보면 상당수는 가정에서 엄한 아버지로부터 체벌을 당하곤 했다는 것이다. 알고 보면 그들은 나같이 싸움에 약한 급우들에게 스스로 그런 '엄한 아버지'가 되어 체벌을 흉내 낸 폭력을 가함으로써 본인들이 집안에서 받는 스트레스를 푸는 것이 아닌가, 하는 생각이 절로 들곤 했었다. 가해 학생들이 가끔 보드카를 마신 채 집에 와서 주정을 부리는 아버지들을 언급하기도 했는데, 이런 아버지들이야말로 실은 그들의 롤모델이 아닌가 하고 짐작할 수 있었다.

가해자들의 가정환경과 함께 나는 가해자들이 나를 향해 내뱉는 말들도 하나하나 분석하곤 했다. '뚱뚱보'나 '유대인 놈'이란

말을 제일 흔하게 들었고, 빈도수로 따지면 그다음으로 많이 들은 말은 '계집애 같다'와 '걸레'였다. 한국어와 달리 러시아어에서는 '걸레'가 '남성성이 부족한' 남성을 가리키는 비속어로 자주 쓰인다. 즉, '계집애처럼' 주먹질이나 발차기를 제대로 못하고, '걸레'처럼 우유부단하며 비남성적이라는 뜻이었다. 나뿐만 아니라 유대인이 아니어도 근육질의 신체와 공격적인 남성성을 지니지 않은 다른 남자 급우들의 상당수도 피해자가 되곤 했다. 나는 이와 같은 남성관이 가해자들의 집안에서 체벌을 일삼는 '엄한 아버지'로부터 전해졌다고 쉽게 짐작할 수 있었다. 그러나 이런 그릇된 남성관은 비단 가정교육의 문제일 뿐일까? 학교나 사회는 이와 같은, 공격성 본위의 남성관을 방치하거나 부추기고 있지는 않은가? 아동기의 나는 이런 생각을 할 때마다 어떤 커다란 모순을 실감할 수 있었다.

　학교나 사회가 내세우는 이상(理想)은 분명히 폭력의 정반대였다. 전쟁은 자본주의 모순의 산물이며, 전 세계가 공산주의로 진보하면 전쟁의 원인이 없어져 세계 평화가 바로 확립되리라는 것이 당시 내가 살았던 러시아의 학교에서 이루어지던 사상 교육의 골자였다. 수업 시간에는 '평화를 위한 투쟁', 그리고 니카라과 같은 나라에서 벌어지는 미 제국주의 대리전이나 한국의 폭력적이기 짝이 없는 전두환 파쇼 도당에 대한 미국의 지원을 비판하는 내용 등을 자주 들을 수 있었다. 학교나 사회가 제시하는 궁극적 이상대로라면, 싸움에 무능한 나 같은 인간들도 분명히 머리를 똑바로 치켜들고 자존감을 가지며 살 수 있었다. '평화'는 우리의 주된 표어였기 때문이다.

하지만 한편으로는 이와 동시에 학교 복도에 자동총을 들고 있는 군인들의 모습이 실린 벽보가 누구나 쉽게 읽을 수 있도록 붙어 있었다. 아프가니스탄에 파견되어 '반동 세력에 대한 토벌'을 한다는 '멋진 군인'들을, 학교는 학생들에게 남성의 롤모델로 열심히 홍보했던 것이다. 벽보뿐인가? 자국, 즉 러시아 역사 교과서는 거의 '우리나라 명장들'의 전시관이나 다름없었다. 각종 '명장'이나 '대첩'들의 그림과 함께 아이들의 어린 머릿속에는 일종의 군사주의적 선악 이분법이 주입되곤 했다. '우리나라'가 관련된 전쟁이라면 '우리'는 완전무결, 절대선 그 자체여야 했다. 제2차 세계대전 막바지에 소련 군인들이 점령지 독일 등지에서 자행한 성범죄 같은 것은 일언반구의 언급도 없었기 때문에 그런 일이 벌어졌으리라고는 상상도 할 수 없었다. '우리나라 군인'은 '상남자' 그 자체였다. 거기에다가 교련 수업이나 TV에서는 전쟁 관련 영화를 시시때때로 보여주었다. 가해 학생들에게 '싸움질 잘하는 남자'가 '정상'으로 보이고 나처럼 '싸움질 못하는 남자'는 모욕해도 되는 '비정상'으로 보이는 것이 어쩌면 이런 자가당착의 사회에서는 필연일 수도 있겠다는 것이 그 당시 나의 결론이었다.

학교폭력은 계급사회가 안고 있는 모든 모순들의 축약판이다. 북유럽처럼 가정에서의 체벌까지 엄금하고 학교마다 주기적으로 폭력 방지 역할극을 조직하여 모든 학생들에게 피해자의 심정을 체험하게 하는 등 촘촘한 예방책을 세운다 해도 학교폭력을 완전히 근절하기란 절대 쉽지 않을 것이다. 그러나 이것 한 가지는 확실하다. 체벌이라는 미명하에 이루어지는 가정에서의 아동에 대한 폭력을 법으로 금지하여 근절하도록 사회가 노력한다면 적어도 최근의 북유럽처럼 학교에서 자행되는 물리적인 폭력은 감소세를 보일 수 있을 것이다. 폭력을 휘두르는 아버지는 학교폭력 가해 학생들의 롤모델임에 틀림없다. 더불어서 아이들의 생각을 폭력적 남성성 쪽으로 이끄는 학교교육이나 〈진짜 사나이〉 같은 프로그램 및 일부 사극 등 대중문화에서 보이는 군사주의적 선전에 대해 한국 사회가 스스로 성찰했으면 좋겠다. 갑옷을 입고 무기를 든 을지문덕, 강감찬, 이순신이 과연 대한민국의 미래 세대가 정말로 보고 배워야 하는 남성성의 적합한 아이콘인가? 그보다는 '아군'이 반세기 전에 베트남에서 저지른 양민 학살과 성범죄에 대해 아이들에게 사실대로 가르치는 편이 비군사적·비폭력적 세계관의 형성에 도움이 되지 않을까? 학생들에게 군복을 입히고 각종 병영 체험, 극기 훈련을 시키는 것은 결국 군사적 폭력을 합리화하게 만들 수 있는 야만적 행위가 아닌가?

정말로 행복한 나라는 강병의 군사 국가도 아니고 1인당 국민소득 6만 달러의 부국도 아니다. 다르게 생기고 돈 없고 싸움을 못한다 하더라도 약자가 괴롭힘을 당하지 않고 어깨를 펴고 당당히 살아갈 수 있는 나라야말로 살기 좋은 나라다. 우리는 과연 어떻게 해야 그런 나라로 '발전'할 수 있을까?

지식인은, 이미 죽었다

최근 국내의 한 강연 자리에서 "요즘 지식인들의 고민들이 옛날에 비해 훨씬 덜 치열한 것 같지 않으냐?"는 질문을 받은 적이 있었다. 나로서는 답변다운 답변을 내놓기가 너무 어려운 질문이었다. 요즘 같은 한국 사회에서 과연 누구를 '지식인'으로 지칭해야 할지 도무지 알 수 없었기 때문이다. 근대적 '지식인'은 한국의 20세기 역사가 만들어놓은 중요한 발명이었고, 20세기 역사의 주역 중 하나였다. 그러나 신자유주의 시대에 누구를 여전히 '지식인'이라 호명할 수 있는지 나로서는 의문이다.

지식인뿐인가? 신자유주의는 한국 사회 계층의 지형도를 획기적으로 바꿔놓았다. 노동계급을 사례로 들어보자. 나는 '노동 귀족'이라는 말을 절대 쓰지 않는다. 주당 평균 48시간이나 일하고 기업 경영에 발언권을 갖지 않는 대기업 정규직은 '중간 계층에 가까운 노동자'일지는 모르지만 '귀족'이라고 부르기에는 어폐가 크다. 그런데 중소기업 비정규직의 평균 연봉이 대기업 정규직의 평균 연봉에 비해 40%밖에 되지 않는 현실에서는 두 계층을 같이 아울러 '노동계급'이라고 부르는 것도 옛날처럼 쉽지 않다. 그만큼 신자유주의는 과거의 노동계급을 심하게 분열해놓았다. 전임 정교수의 평균 연봉(9,000만 원 이상)과 시간 강사의 평균 연봉(800만 원 정도) 사이의 10배 넘는 차이가 상징하듯이 지식 노동자 사이의 분열은 이보다 더하면 더했지 덜하지 않을 것이다. 그리고 그 와중에 과거와 같은 지식인의 초상은 증발되고 말았다.

한국의 '지식인'은 제정(帝政) 러시아 시절 혁명적 성향을 가진 지식인을 일컫던 단어인 '인텔리겐치아(intelligentsia)'의 번역어다. 근대 번역어들의 대부분은 서구의 언어, 즉 영어나 프랑스어, 독일어에서 기원한 것들이지만, '지식인'은 드물게 러시아어의 '인텔리겐치아'를 번역한 말이다. 그렇게 된 이유는 자명하다. 역사적 발전의 과정상 서구보다 러시아가 한국의 상황에 훨씬 더 가까웠기 때문이다. 전 세계적 자본주의 발달을 주도하는 구미권 핵심부 국가에서 지식 기술자, 즉 인텔렉추얼(intellectual) 계층은 국가와 자본과 불가분의 관계를 맺었으며 그런 성향상 자유주의적이거나 보수적이었다. 카를 마르크스나 조지 오웰(George Orwell, 1903~1950)처럼 급진 사상이나 문학을 창조했던 무일푼의 괴짜들은 구미권 인텔렉추얼 중에서 늘 비주류로 밀려 있었다. 한데 근대 자본주의 세계 체제에서 준주변부로 분류되어 혹

독한 제정 정권의 압제 밑에 있었던 러시아에서는 사정이 달랐다. 급진파일수록 오히려 폭정에 지친 사회에서 존경을 받았고, 레프 톨스토이(Lev Tolstoy, 1828~1910)와 같은 대문호일수록 국가와 대립각을 세웠다. 이런 사회에서 만들어진 '인텔리겐치아'라는 개념은 서구의 '인텔렉추얼'보다 동아시아의 '이민위천(以民爲天, 백성을 하늘같이 소중히 여김)의 지사(志士)'에 더 가까웠다. 그런 까닭으로 인텔리겐치아는 '지식인'으로 번역되어 한국 사회에서 쉽게 뿌리를 내렸다.

1920년대부터 1990년대 초반까지 시간의 흐름에 따라 역사적 조건은 크게 달라졌지만 그 70여 년간 한반도 땅에서 '지식인'으로 산다는 것은 대체로 엇비슷한 함의를 계속 지녔다. 한국 사회에서 지식인은 좁게는 민족이나 계급을, 넓게는 인류를 시야에 놓은 '사상 분자'였고, 민족 내지 계급, 아니면 인류 보편의 이해나 원리 원칙을 거역하는 지배자들에게 저항하는 주체였다. 비록 저항은 못 해도 적어도 비판적 거리를 유지해야만 지식인 소리를 들을 수 있었다. 지식인은 '운동'의 장에서 '대중'을 만났고 늘 '현장'을 염두에 두어야 했다. 이러한 지식인 개념에서 문제를 찾자면 천 가지, 만 가지도 넘을 것이다. '지식인'과 '대중'을 나눈다는 묵시적 엘리트주의 자체가 그다지 민주적 발상이 아니었다는 것부터 당연히 문제로 삼아야 한다. 게다가 지식인의 거시적 역할은 미시적인 삶의 현장과는 거의 연결되지 않았다. 사회에서 '참여 지식인'으로 명성을 누리는 '민중 신학자'나 '민중 사학자'도 학교라는 소사회에서는 얼마든지 독재자와 같은 면모를 보일 수 있었다. 대부분의 지식인은 중산층 남성들이었고 이들은 자신들의 사생활에서는 중산층 내지 남성으로서의 특권을 포기하지 않는 경우가 허다했다. 한마디로 20세기 한국 '지식인'이 생산하는 담론과 그 지식인의 실제 삶 사이의 괴리는 상당했다. 그러나 적어도 '배운 사람'들로 하여금 '현장'으로 눈을 돌리게끔 하는 것은 이런 당위적 지식인의 초상이었다.

그러다가 1990년대 들어 변화가 찾아왔다. 1970년대 말 레이건주의와 대처주의로 시작된 세계적 보수화의 물결은 1990년대 초·중반에 한국까지 덮치고 말았다. 물론 그런 상황 속에서 한국적 특성도 보였다. 문민정부 출발과 함께 군 출신들이 정부의 요직에서 대거 물러나게 되었고, 이렇게 해서 비워진 자리를 채운 것은 바로 학벌 좋은 지식인 출신들이었다. 국민의 정부, 참여정부 시절에는 아예 운동 사회의 일부 지도층까지 정부 요직에 흡수됐다. 그만큼 그들이나 그 출신 단체들이 주류화, 보수화되지 않을 수 없었다. 이와 더불어 1980년대 말에서 1990년대 초의 부동산 경기 호황 시절에 집을 소유하게 된 기존 지식인 사회 구성원의 상당수는 보유 자산 가치가 엄청나게 상승하면서 사회적으로 단순한 '지식 노동자'에서 중간 계층 혹은 그 이상으로 상향 이동을 했다. 김대중 대통령이 '쓸모 있는' 지식 위주의 극도로 신자유주의적인 '신지식인론'을 제창한 1999년에는, 운동 사회와 연결되어 있었던 과거의 지식인 사회가 이미 사실상 와해돼 있었다.

이에 뒤이은 대학의 신자유주의적 재편은 1920년대부터 1990년
대까지 한반도에 존재했던 '인텔리겐치아' 유형의 지식인을 확인
사살하고 말았다.

국민의 정부, 참여정부 시절의 신자유주의화를 경험한 대
학은 지식의 상아탑에서 착취 공장으로 변모했다. 4년제 대학
의 정규직 교원 수는 2014년에는 6만 4,000명, 2018년에는 6만
6,800명으로, 그다지 늘지 않았다(교육부, 〈교육기본통계〉). 그런데
국내만 해도 1년간 박사 학위를 새로이 취득한 이들이 1만 명 이
상이다. 이들은 과연 어디로 갈 것인가? 지난 20년 사이에 공장
이 각종 비정규직의 '종합 세트'가 됐듯이 대학도 '무늬만 교수'의
왕국이 됐다. 강의전임 교수, 산학협력 교수, 교양 교수, 연구 교수,
비정년트랙 교수, 겸임 교수, 계약 교수…. 새로운 직급을 나타내
는 신조어는 다양하지만 의미는 매한가지다. '배운 사람'으로 하
여금 "찍소리도 못 하게" 해놓고 정규직보다 훨씬 더 적은 연봉을
주면서(대개 3,500만 원도 안 된다) 영어 논문 생산과 강의 등을
강요하며 싼값에 지식 노동을 착취하는 것이다. 이러한 상황에
놓인 사람들이 과연 '사회참여'를 할 엄두를 내기가 쉽겠는가?

이렇게 해서 과거의 지식인 계층은 노동계급처럼 분열되고
말았다. 지식의 착취 공장, 한국 대학의 피라미드를 뒷받침하는
시간 강사와 비정년 교수, 연구자들은 말 그대로 '지식 무산계급'
으로 재편됐다. 정권이 바뀌면 정치적으로 '불온한' 예술인·연예
인의 블랙리스트가 없어지지만, 조금이라도 윗사람이나 소속 기

관에 저항했던 비정규직 연구자들의 비공식적 블랙리스트는 정권이 아무리 교체되어도 그리 쉽게 없어지지 않는다. 그만큼 '지식 무산계급'이 투쟁의 현장으로 나아가기는 지난한 일이다. '지식 무산계급'을 관리하면서 그 노동의 일부 과실을 착취하는 '지식 기술자' 내지 '하급/중급 지식 관리자', 즉 전임교원들은 이제는 대개 부유한 집안의 자제들로 충원된다. 그들은 '태생적으로' 사회의 문제와 거리가 멀다. 그리고 맨 위에서 대학과 연구자 사회를 총지휘하는 '고급 지식 관리자'들의 대부분은 도미 유학파 출신으로 신자유주의의 적극적인 신봉자들이다. 오늘날의 속칭 '헬조선'을 만드는 데에 앞장선 그들을 '지식인'이라고 부를 사람이 어디 있겠는가?

작금의 한국 사회엔 인텔리겐치아는 죽고, 서구형 인텔렉추얼을 지향하는 '지식 기술자'나 '관리자', 그리고 그들이 착취하는 '지식 무산계급'만이 남아 있다. 그만큼 한국 사회의 피해자들은 '배운 사람'에 대한 기대를 버리고 필요한 부분을 스스로 배워나가면서 이 나라를 지옥으로 만든 신자유주의 체제와의 투쟁을 전개해야 할 것이다. 스스로 비정규직 노동자임을 깨달은 '지식 무산계급'의 일부 역시 언젠가 난관을 뚫고 이 투쟁에 힘을 크게 보낼 수 있을 것이다.

양심수는 왜 석방되지 않는가

대한민국이 세운 부끄러운 세계 신기록은 한두 가지가 아니다. 경제협력개발기구 회원국 중에서 한국은 자살률과 노인 빈곤율도 모두 최악이고, 출산율은 이제 세계 최저 수준이다. 그런데 한국인들은 한국에서 벌어지는 통계 차원의 사회적 참극에 대해서는 익히 잘 알아도, 인권 측면에서 한국이 세운 또 하나의 세계 신기록에 대해서는 잘 모른다. 이에 대해서는 오히려 국외의 인권 운동가들이 더 잘 아는 경우가 많다. 한국은 세계 최장기수의 나라이며, 제도적 민주화가 된 국가들 중에서는 양심수가 가장 많은 나라다.

김선명(1925~2011) 선생. 그가 2000년에 북송된 뒤로는 국

---

* 편집자 주-이석기 전 국회의원은 2021년 12월 24일 가석방됐지만, 그를 향한 '사상검증'에 대한 당시 비판은 여전히 유효하다고 판단해 이 문제를 다룬 「양심수는 왜 석방되지 않는가」 「노르웨이의 적색당, K의 이석기」는 수정 없이 책에 실었다.

내에서 거의 잊힌 이름이 되었지만, 세계 인권 연구자들에게는 여전히 기억되는 이름이다. 그는 해방 전후 시대의 좌익 운동가였고, 한국전쟁이 터진 뒤로는 북한군 편에 서서 참전했다가 포로가 됐다. 그러나 군사 재판부는 그가 속한 정찰대를 '간첩 부대'로 간주했고, 그는 '간첩'으로 분류되어 기한도 없이 감옥에 갇혔다. 그는 거의 45년을 0.75평 크기의 독방에서 보냈다. 구금 기간 동안 그가 가졌던 면회의 기회는 단 7회에 그쳤다. 가족 중에 '빨갱이'가 있다고 해서 아버지와 누이는 보복 살해를 당했고, 연좌제로 고통받았던 일가친척들은 감옥 근처에도 가지 못해 그를 면회하러 갈 사람도 없었다. 좌우파의 신념 등을 다 떠나서 한 국가가 한 사람을 이토록 오랫동안, 이토록 철저하게 괴롭히면서 그 인간성을 부정한 것은 세계사에서 보기 드문 일이다. 아니, 김선명뿐일까? 김선명, 우용각, 최선묵처럼 고문 후유증에도 불구하고 1990년대 말까지 살아남아 결국 석방될 수 있었던 사람들은 절대로 '다수'가 아니었다. 상당수는 고문과 질환에 시달리다가 옥중에서 홀로 죽어나갔다.

살아남은 초(超)장기수들은 김대중 정부 시절 대부분 풀려나왔지만, 그 사실만으로 가슴에 손을 얹고 '인권 상황이 나아졌다'고 말하기는 힘들다. 아픈 몸으로 수감 생활을 하며 세계 신기록을 세운 초장기수들은 풀려났어도 양심수들은 여전히 남아 있기 때문이다. 한국 양심수의 대다수는 병역거부자다. 또 하나의 부끄러운 세계 신기록이지만, 징병제가 존재해온 지난 70년 동안 한국에서 수감된 병역거부자의 합계는 약 1만 9,000명에 이른다(2018년 병무청 추산 통계). 이렇게 많은 평화주의자를 감옥에 보낸 국가를 세계사에서 다시 찾기는 힘들 것이다. 다행스럽게도 이제는 대체복무제가 신설되었기에 평화주의자들이 수감되는 일은 더 이상 생기지 않기를 기대해볼 수 있을 것이다. 이처럼 평화주의자들의 문제는 그나마 해결의 전망이 조금은 보이지만, 촛불항쟁 이후에도 여전히 수감되어 있는 또 한 명의 양심수가 있다. 바로 2013년 '내란 음모' 사건의 피해자인 이석기 전 국회의원이다.

놀라운 일이 아닐 수 없다. 적폐 정권 시절 보안 기관들의 각종 '사건' 조작에 대해서도, 양승태 전 대법원장 시절의 '재판 거래'와 같은 사법 정의 왜곡에 대해서도 우리는 이미 어느 정도 알고 있다. 대법원이 이석기 전 의원에게 징역 9년을 선고했을 때, '내란 선동'의 거의 유일한 증거물은 그의 연설을 비밀리에 녹음한 테이프에 기반한다는 녹취록이었는데, 녹취록 작성의 토대가 된 파일의 일부가 원본이 아님이 밝혀져 법률가들 사이에서는 그 증거능력을 두고 논쟁이 불거지기도 했다. 설령 그가 문제가 된 연설에서 일부 과격한 표현을 썼다 하더라도 내란을 위한 어떠한 실질적인 준비도 하지 않았음은 법원도 인정했다. 그렇다면 일부 과격한 표현의 사용에 대해서 징역 9년형을 받은 셈이 되는데, 이런 판결이 과연 정상적 법치국가에서 가능한가?

한번 생각해보자. 징역 10년 정도면 살인범이 받을 수 있는 형량이다. 참작할 만한 정상(情狀), 예컨대 격분한 상태에서 우발적으로 저지른 살인이라는 점 등이 드러나면 형량이 4~5년으로 줄어든 판례들도 있다. 강간죄의 형량은 3년 이상이다. 한국 재벌의 '갑질'을 세계인들에게 알린 '땅콩 회항'의 조현아는 징역 10개월에 집행유예 2년을 선고받아 아예 실형을 살지도 않았다. 그렇다면 한 연설에서 신중하지 못한 몇 가지 표현을 사용한 이석기는, '갑질'로 세계적 악명을 떨친 재벌가와는 비교할 수도 없고 강간범보다 3배 이상이나 되는 거의 살인범 정도의 중벌을 정말로 받아야 마땅한 죄를 저질렀던 것인가? 이석기 전 의원의 정치적 신념에 동감할 일이 없는 미국 국무부와 〈뉴욕타임스〉까지 그 유죄판결을 표현의 자유에 대한 중대한 침해 사례로 거론할 정도였다는 사실도 잊을 수 없다. 그러나 평소 같으면 '미국의 시각'을 '글로벌 스탠더드'로 여기는 국내 보수주의자들은 여전히 이석기 전 의원을 감옥에 있어야 마땅한 '비국민'으로 여긴다. 국가가 한 사람에게 가하는 고통에 대한 이 무감각함은 도대체 어디에서 나오는 것일까?

　나는 역사학으로 밥을 먹고산다. 그 때문인지 어떤 일을 봐도 거의 습관적으로 역사 속에서 맥락화하곤 한다. '내란 음모' 조작 사건도 마찬가지다. 이 사건도 결국 한국 안보 기관과 사법부의 강경 보수주의자들이 저지른 정치적 '이단' 사냥의 한 사례에 불과하다. 이 사냥은, 대한민국이 분단 과정에서 냉전 최전선의 반공·안보국가로 태어남과 동시에 개시됐다. 이 사냥의 과정에서 벌어진 초기의 유명한 사건이 바로 1949년의 소위 국회프락치사건(1949년 5월부터 1950년 3월까지 남조선노동당의 스파이 활동을 했다는 혐의로 현역 국회의원 10여 명이 검거되고 기소된 사건)인데, 그 사건이 조작되었을 가능성이 크다는 것은 대부분의 사학자들이 인정한다. 그 뒤로는 병영화된 나라 대한민국의 반공주의적 규율에 약간이라도 균열을 일으킬 수 있는 진보 인사들이 계속해서 억울한 죄명을 뒤집어쓰고 희생됐다. 1959년 이승만 독재 정권으로부터 법살(法殺)당한 조봉암은 2007년에 명예회복되었고 그의 평화통일론은 이미 이 사회의 통념이 됐다. 통일혁명당 사건(1968년), 남조선해방전략당 사건(1969년), 인민혁명당 사건(1975년), 남민전(남조선민족해방전선준비위원회) 사건(1979년) 등으로 억울하게 죽거나 옥살이를 해야 했던 이들은 이미 민주화 운동가로 인정됐다. 사노맹(남한사회주의노동자동맹) 사건(1991년) 피해자 출신 중에는 단명한 법무부 장관부터 현역 시장, 그리고 유명한 재미(在美) 교수 등이 있다. 그들이 '국가 전복'이 아닌 민주화의 완성과 좀 더 평등하고 정의로운 사회를 원했을 뿐이라는 것은 이제 자타가 인정하는 바다. 적폐 정권 아래에서 발생한 '내란 음모' 사건의 피해자는 이승만 정권 시절의 조봉암, 박정희 정권 시절의 통일혁명당이나 인민혁명당, 노태우 정권 시절의 사노맹 사건의 피해자들과 과연 무엇이 다른가? 역사의 큰 흐름에서 계속 이어져온 정치적 '이단' 사냥에 엮여 희생된 것은 마찬가지다.

과거 권위주의 정권들은 안보·경찰국가의 반공 규율을 다수에게 강요하기 위해 이런저런 '사건'들을 조작해왔다. 그러나 인권 본위의 관용 사회 건설, 그리고 남북의 평화공존 체제 구축이 시대적 과제가 된 오늘날, 적폐 정권이 감옥에 보내버린 조작된 '사건'의 피해자를 계속 수감해두는 이유는 도대체 무엇인가? 이석기 같은 이 나라의 대표적 양심수를 석방해야 우리가 드디어 인권이 제대로 실현되는 사회에서 산다는 것을 실감할 수 있을 것이다.

노래를 불렀다가 죄인이 되는 나라

나는 지금도 그 책을 뚜렷이 기억한다. 1989~1991년에 나온 세 권짜리 《국가보안법연구》 세트. 내가 이 책을 29년 전인 학창 시절에 손에 쥔 것은 범상치 않은 인연 덕분이었다. 당시는 배가 고팠던 시절이라 가이드 아르바이트를 자주 뛰곤 했는데, 어느 날 운 좋게도 그 당시에 '개혁적인 법학자'로 유명했던 안경환 서울 대 교수를 내 고향에서 가이드하게 됐다. 그때 그는 나에게 국가 보안법 폐지의 필요성을 조목조목 설명했었다. 나중에 한국에 가서 다시 만났을 때는 국가보안법에 대해 보다 자세히 공부해보라 며 그 두꺼운 책을 건네주었다. 그 책을 지은 박원순이라는 사람 은 전도가 유망한 인권 변호사라고 귀띔해주기도 했다. 나는 지 금도 그 선물에 대한 고마움을 느낀다. 그 책을 읽어가면서 한국 에서 출간된 그 어떤 교과서에도 실려 있지 않은 대한민국의 이 면의 역사를 공부할 수 있었기 때문이다.

내가 그 책에서 알게 된 국가보안법의 피해 사례는 각양각색이었다. 당대로서도 '상식'의 선을 넘는 기소나 판결이 대부분이었다. 평화통일을 선구적으로 거론한 조봉암은 (조작된) 간첩죄와 함께 국가보안법으로 기소됐다. 조봉암이 잡혀갔던 1958년에, 함석헌은 《사상계》에 「생각하는 백성이라야 산다」라는 제목의 글을 게재해 마찬가지로 국가보안법으로 잡혀갔다. 《사상계》의 발행인이었던 장준하도 연행됐다. 그러나 국가보안법의 피해자 중에는 이들과 같은 유명인보다 이름 없는 민초들이 훨씬 더 많았다. '막걸리 보안법'이라는 말을 기억하는가? 술김에 "김일성은 북괴지만, 박정희보다 인물이 낫다"라는 식의 말을 내뱉었다간 감옥을 갈 수도 있었던 시절이 있었다. 박원순이 그 책에서 소개한 한 사례를 다시 보자.

"많은 사람들이 운집한 면전에서 철거반원을 향해 '김일성보다 더한 놈들' 운운한 것은 북괴의 학정을 겪지 못한 자들에 대하여 북괴에서는 대한민국보다 나은 행정을 하고 있다는 것을 암시하게 될 것이고 그곳에 가서 살아보겠다는 의사도 내포된 것이라 할 것이어서 반국가단체를 이롭게 하는 행위에 해당된다(대법원 1970년 8월 31일 선고·70도 제1486호 판결 사건의 검사 상고이유서)."

집을 빼앗긴 철거민이 철거반원을 향해 "김일성보다 더한 놈"이라고 외쳤다가 교도소에 갇힌 몸이 됐다. 박원순의 《국가보안법 연구》는 유명인부터 영세한 철거민들까지 한국인들이 국가보안법의 공포 아래에서 어떻게 살아왔는지를 나에게 일깨워줬다. 그 책이 아니었다면 나의 한국 현대사 공부는 '반쪽짜리 공부'에 불과했을 것이다.

그로부터 29년이나 지나 그동안 많은 변화들이 있었다. 조봉암, 함석헌, 장준하 등 과거 국가보안법 피해자들은 오늘날 현대사의 영웅들로 손꼽힌다. 안경환 교수는 2006~2009년에 국가인권위원회의 위원장을 지냈으며, 성추행 사건을 일으킨 뒤 극단적 선택을 한 박원순은 아무래도 국가보안법 연구보다는 3선 서울시장(2011~2020년 연임)으로 더 유명하다. 이외에도 수많은 국가보안법의 피해자와 비판자들은 그사이 김대중처럼 대통령이 되거나, 장관이나 국회의원, 자치단체장 등 요직을 지냈다. 그런데 이런 변화와 달리 유일하게 바뀌지 않은 것이 있다. 국가보안법의 존재 그 자체다. 1950년대에 함석헌이나 장준하를 감옥에 보낸 법, 1970~1980년대에 '막걸리 보안법'의 덫에 걸린 수많은 시민들을 고문실로 보낸 법은 지금도 존재한다. 민주화의 모범 사례로 늘 거론되는 대한민국에서 말이다.

약 1년 몇 개월 전에 대법원 제2부는 옛 통합진보당 행사에서 〈혁명동지가〉를 불렀다는 혐의 등으로 기소된 과거 당원들 3인에 대하여 국가보안법 제7조 제1항의 반국가단체 등 활동 찬양·동조로 유죄판결을 확정했다(대법원 2020도2596 판결). 이 판결로 피고인 중 한 명인 안소희 경기 파주시의회 민중당 소속 3선 의원은 의원직을 상실하기도 했다. 나는 이 판결에 대한 뉴스 기사를 처음 읽었을 때 내 눈을 의심했다. 잠시 타임머신을 타고 '막걸리 보안법' 시절로 돌아간 것처럼 느껴져 온몸에 소름이 돋을 정도였다. 민중가요를 불렀다고 해서 유죄판결을 받는 것은, 술김에 "김일성이 멋지더라"라고 하거나, 홧김에 "김일성보다 더한 놈"이라고 해서 죄인이 됐던 시절의 일과 뭐가 그리 다를까? 참고로 〈혁명동지가〉는 '동만주를 내달리며 시린 장벽을 넘어'로 시작되지만 김일성의 이름 석 자가 직접 거론되지도 않는다. 김일성 부대를 특정한다기보다는, 만주에서 전개된 무장 독립 투쟁을 낭만적으로 형상화한 민중가요일 뿐이다. 이 가요를 불렀다고 해서 '범죄자'로 여기는 것은, 김일성의 이름을 '함부로 입에 올려' 수인이 됐던 1970~1980년대보다 더하면 더했지 결코 덜하지 않은 사법 정의의 왜곡이 아닌가?

　　대한민국의 '최우방'인 미국의 전직 대통령이 국가보안법의 논리상 '반국가 단체의 괴수'로 간주되어야 할 김정은 위원장을 "좋은 친구"라고 공개적으로 부르고, 한국 대통령이 바로 그 '반국가 단체의 괴수'와 함께 백두산에 올라 기념 사진을 찍는 시대다. 이 시대에 '동만주를 내달리며 시린 장벽을 넘어'를 불렀다고 해서 유죄판결을 내리는 사법부의 저의는 도대체 무엇인가? 1970~1980년대와 마찬가지로, '북한' 그 자체는 문제가 아니다. 철거반원에게 홧김에 "김일성보다 더한 놈"이라고 외친 체제의 피해자가 '친북파'가 아님은, 경찰도 법원도 당연히 알았다. 과거 국가보안법은, 체제의 피해자가 반발에 나서는 일을 미연에 방지하는 공포의 도구에 불과했다. 자유민주주의 사회에서는 원칙상 약자, 피해자가 반발할 자유가 있어야 하지만, 극단적 착취를 기반으로 했던 체제는 그런 반발을 용인할 리가 만무했다. 그래서 무소불위의 보안법이 필요했던 것이다.

그런데 과연 오늘날은 어떤가? 이번에 불순한(?) 가요 제창으로 '죄인'이 된 정치인, 활동가들은 민중당 소속이다. 민중당은 조직 노동자, 비정규직 노동자들의 지지를 받으며 좌파 민족주의적 입장에서 신자유주의를 비판하는 정당이다. 민족주의 정서야 당국자들도 필요할 때에 종종 이용하지만, 민중당의 좌파적 성격이야말로 그들의 눈엣가시다. 결국 이번과 같은 유죄판결은, 국가보안법을 무기 삼아 좌파의 '기를 죽이려는', 사법의 가면을 쓴 정치 탄압으로 봐야 할 것이다. 더군다나 민선 시의회 의원이 '노래를 잘못 불러' 의원직을 잃는 것은, 민주주의에 대한 파괴이기도 하다. 시의원은, 법원이 아닌 시민들이 뽑는 것 아닌가?

박원순은 9년 동안 서울시장을 지냈지만, 그의 옛 저서에 나오는 '막걸리 보안법'보다 더한 광경들은 여전히 현재진행형이다. 약자를 억눌러 그 반발을 미연에 방지하기 위해 만들어지고 이용되어온 악법은, 도대체 언제까지 한국 사회의 목을 조르고 있을까?

노르웨이의 적색당, K의 이석기

2021년 8월, 한국은 잔칫날 분위기였다. 유엔무역개발회의(UNCTAD)가 한국을 드디어 '선진국'으로 인정했기 때문이다. 사실 굳이 이 발표가 없어도 세계체제론(세계경제를 고부가가치 상품의 생산과 금융을 독점하는 핵심부와 단순 저임금 제조업 본위의 준핵심부, 그리고 원료 생산지인 주변부로 나누어서 고찰하는 이론)의 차원에서 한국이 이미 준핵심부가 아닌 핵심부 국가가 되었다는 것은 쉽게 알 수 있다. 구매력 기준으로 계산된 한국의 1인당 국내총생산은 이미 일본을 추월해 유럽연합의 평균과 비슷해졌을 뿐만 아니라, 한국은 자본의 수입국에서 수입국이자 수출국이 됐다. 지금도 국내 은행업 등 금융계에서 외국 자본은 적지 않은 비중을 차지하지만, 동시에 삼성 같은 국내 대기업들의 현지법인은 예컨대 베트남 수출액의 3분의 1이나 생산하고 현지에서 15만 명 이상을 고용하는 등 동남아시아와 같은 주변부 지역에서 '지배자'로 군림한다. 자국 경제 영토의 해외로의 확장이야말로 핵심부 국가들의 중요한 특징 중 하나인데, 그런 의미에서 이제 한국도 그 그룹에 속한다는 데에 이의를 제기할 수는 없다.

그러나 마냥 기뻐만 하기 전에 한번 생각해보자. 세계 체제론 차원의 '핵심부 국가'나 유엔무역개발회의가 말하는 '선진국'은 순전히 경제력에 대한 평가일 뿐이다. 이 평가는 해당 국가의 사회나 정치 등과 무관하다. 단지 세계경제의 '먹이사슬'에서 한 국가가 차지하는 위치를 이야기할 뿐이다. 흑인들에게 사실상 시민권을 불허했던 1950년대 미국이나, 재일 조선인들을 '비국민'으로 취급했던 고속 성장 시대의 일본 역시 핵심부 국가였다. 1년에 경찰이 약 1,000명의 시민을 사살하는 미국이나, 평상시에는 경찰들도 무기를 휴대하지 않는 노르웨이나 경제적으로 똑같이 핵심부에 속한다. 그런데 그들의 사회적 일상은 서로 판이하게 다르다. 한국에서 일반적으로 쓰이는 '선진국'이라는 명칭은, 짐작건대 무장한 경찰들이 소수자들을 언제든지 사살할 준비가 되어 있는 사회라기보다는, 일상이 비폭력화되어 있는 북유럽의 복지 국가 같은 곳을 의미할 것이다. 일상 언어에서 사용되는 '선진국'이란 단어는, 경제적 범주의 용어라기보다 '바람직한 사회'의 의미가 더 강하기 때문이다. 즉, '우리가 살았으면 하는' 사회를 뜻하는 것이다.

만약 그렇다면 우리가 아직 샴페인을 터뜨리고 자축하기에는 이르다. 일상이 비폭력화되어 있고 평화로우며 안정적인 북유럽 복지사회의 가장 핵심적인 특징은 이념이나 사회·문화적 '톨레랑스(tolerance)'이기 때문이다. '톨레랑스'는 종족적 내지 종교, 생활, 문화적 소수자에 대한 '관용'을 의미하며, 무엇보다 특히 이념적 내지 정치적 소수 의견, 소수 조직에 대한 존중을 뜻한다. 하지만 양심수가 여전히 감옥에 갇혀 있는 한국과 같은 나라를 '톨레랑스의 나라'로 여기는 것은 도저히 불가능하다. 이런 차원에서 한국과 북유럽이 얼마나 다른가를, 내가 노르웨이에서 속해 있는 정당 이야기를 하면서 설명해보고자 한다.

　나는 한국에서는 노동당 소속이지만, 노르웨이에서는 이와 동시에 적색당의 지역위원회에서 활동한다. 적색당은 2007년에 창당된 급진 좌파 정당으로, 현재 지지율은 4~6% 정도 된다. 노르웨이 의회 내 적색당 소속 국회의원은 이미 8명이나 돼, 유럽의 급진 좌파 정당치고는 의회 내 비중이 다소 큰 편이다. 당의 지향이나 기조로 봤을 때 현재로서 적색당은 전형적인 의회주의 좌파 정당이다. 그러나 본래 적색당의 모체는 노르웨이의 노동자공산당(1973년 창당), 즉 노르웨이의 마오주의 운동이었다. 노동자공산당의 전성기에 그 당의 정식 당원은 3,400명 정도였지만, 마오주의자의 전체 수는 약 2만 명으로 추산될 만큼 노르웨이에서는 유럽 최강의 마오주의 운동 바람이 불었다. 당시 노르웨이의 마오주의자들은 의회주의 전략을 부정하면서 무장 혁명과 무산계급의 독재 정권을 지향했다. '무장 혁명을 준비한다'라는 말을 대놓고 당 강령에 쓰기도 했고, 기관지인 〈계급투쟁(Klassekampen)〉

에도 거의 매호 '무장 투쟁의 필요성'을 역설하는 글을 싣고, 당의 출판사인 '시월사(Oktober)'에서는 이오시프 스탈린(Iosif Stalin, 1879~1953)과 마오쩌둥(毛澤東, 1893~1976)의 저서를 번역해 지속적으로 출간했다. "제3세계를 착취하는 제1세계"에 속한다는 것에 엄청난 자책감을 느꼈던 노르웨이의 마오주의자들은, 제3세계 민중을 자본의 속박으로부터 해방시킬 세계 혁명을 노르웨이에서 일으키려 했던 것이다.

그렇다면 소련과 국경을 접하며 냉전의 최전선에 서 있던 노르웨이는 이 운동에 어떻게 대응했을까? 물론 마오주의자들을 비밀리에 감시하긴 했다. 한데 마오주의자들이 실질적인 '폭력'을 행사하지 않는 이상, 국가 역시 그들을 탄압할 생각은 안 했다. '무장 혁명'에 대한 이야기는 '표현의 자유' 차원에서 관용되었으며, 노동자공산당은 여느 정당처럼 합법적 활동을 마음껏 할 수 있었다. 이후 중국의 자본화와 소련의 몰락으로 '무산계급 독재'에 대한 이야기는 저절로 족적을 감추게 되었고, 노동자공산당은 1990년대 초부터 여성주의와 환경 운동, 반전 평화로 활동의 초점을 바꾸었다. 오늘날 그 후속 정당인 적색당은 복지국가 노르웨이의 자본이 외국에서 착취하는 현지 노동자나 노르웨이에서 고생하는 외국인 노동자의 권익을 옹호하고, 복지시설의 민영화를 반대하며, 2000년대에 벌어진 노르웨이 군대의 아프가니스탄 파병 같은 해외 파병에 맞서 싸운다. 기후 정의를 옹호하고 군사주의와 신자유주의를 반대하는 노르웨이의 대표적인 정당이 된 것이다. 〈계급투쟁〉은 노르웨이 지식인이면 꼭 봐야 할 '지식인 신문'이 되었고, '시월사'는 노르웨이 시, 소설 문학의 가장 우량한 출판사가 됐다. 만약 국가가 '무장 투쟁'을 주장했던 1970~1980년대 마오주의자들을 탄압하여 양심수들을 양산했다면, 과연 오늘날 그들은 이와 같은 생산적이며 사회적으로 매우 필요한 역할들을 맡을 수 있었을까? 결국 정치적 소수에 대한 톨레랑스가 끝에 가서 노르웨이 사회와 문화, 정치를 더 풍요롭게 만든 셈이다.

북유럽의 어느 선진국에서도 지금 9년째 옥고를 치르고 있는 이석기 전 의원의 투옥과 같은 상황을, 죽었다 깨어나도 도저히 '상상'할 수 없다. 이석기 전 의원의 유죄판결의 근거가 된 그 '90분 연설'처럼 설령 다소 과격한 언사들이 포함되어 있다고 해도 그 어떤 '선진국'도 (특정 종족 등을 겨냥하는 혐오 표현이나 구체적인 특정인을 위협하는 협박, 아니면 모욕이나 명예훼손 등을 제외한) '언어' 그 자체를 처벌하지는 않는다. 소수 의견을 표현할 자유가 있어야, 다양성을 자랑하는 진정한 민주사회가 만들어진다. 이석기 전 의원이 사면, 석방되어야 우리 사회가 톨레랑스가 있는 진정한 사회·정치적인 선진국이 되는 길목에 들어설 수 있을 것이다. 겁 없이 소신대로 말할 수 있는 사회, 그리고 소신의 다양성을 용인하는 사회야말로 '진짜' 선진국이다.

2장

위계-'높으신 분' 없는
세상을 위하여

'높으신 분' 없는 세상을 위하여

노르웨이에서 한국학으로 밥을 먹고사는 사람은 나 혼자다. 그렇다 보니 주변에서 자주 '한국 문화 해석(?)' 요청이 들어온다. 한국을 이런저런 사연으로 접하게 된 동료나 지인들이 뭔가 이해 못할 상황에 부딪히면 나에게 와서 묻는 것이다.

최근에 들어온 문의를 사례로 들겠다. 한 노르웨이 대학에 한국의 어떤 대학에서 시찰단이 찾아왔다. 시찰단이 머물고 간 뒤에 그 영접 의무를 맡은 교원이 이해할 수 없다는 얼굴을 하며 나에게 몇 가지를 물었다. 학생들과 교수로 구성된 그 시찰단에서는 왜 모든 실무를 학생들이 다 도맡아 하고 교수는 부동자세로 앉아 별다른 표정 없이 설명을 듣고 학생들에게 그때그때 명령만 하는가? 영어를 더듬더듬하는 듯한 그 교수는 왜 학생들 앞에서 노르웨이 측과의 영어 대화를 거의 기피하는가? 왜 노르웨이 측과 서신을 주고받는 것도 교수가 아닌 학생이나 조교들이다 대신 맡는 것인가?

'체면'에 해당하는 표현이야 노르웨이어에도 있다. 한데 구미권 언어에서 체면이 '자존감' 정도의 의미를 지닌다면, 한국어에서는 그 쓰임이 질적으로 다르다. 한국에서는 하위자의 저자세가 상위자의 '체면 유지'를 담보하고, 상위자의 '체면'이 하위자의 자존감을 깡그리 밟아버릴 수 있기 때문이다. 부동자세로 '폼을 잡고 앉아 있는' 상위자 주위에서 하위자들이 하인처럼 모든 일을 도맡아야 보스의 '체면'이 선다는 것이다.

물론 수직적인 노동 분담은 어느 나라의 조직 생활에나 다 있다. 북유럽이라 해도 교원과 직원, 학생이 맡아서 하는 일은 각각 다르다. 차이라면 한국의 '조직 문화'에서는 상위자가 마땅히 해야 할 일까지 하위자들에게 거의 다 떠넘긴다는 것이다. 그리고 공정하지도 못한 노동 분담은 더 나아가서 인신 지배와 같은 형태를 띤다. 학생들을 거느리고 국외 시찰에 나선 한국 '교수님'을 목격한 노르웨이 사람들은, 농장주가 농노들을 데리고 다니는 광경이 아니냐고 의아해한다. 이렇게 된 이유를 묻는 사람들에게 과연 어떻게 설명해주어야 하는가?

나의 학생들도 한국 신문 자료 등을 인터넷으로 보다가 가끔 나에게 그 문화적 맥락을 해석해달라고 질문하곤 한다. 예를 들어 '문재인 대통령이 어느 날 저녁 서울 모처의 한 호프집에서 시민들과 만났다'는 등의 뉴스를 도저히 이해할 수 없다는 이야기다. '대통령과 시민'이라는 어법부터 이해가 가지 않는다고 한다.

대통령도 결국 일개 시민이 아니냐고 나에게 묻는 것이다. 그리고 대통령이 그를 뽑은 유권자들을 만나서 같이 밥을 먹거나 술을 마시는 게 왜 뉴스거리가 되는지를 제일 궁금해한다.

노르웨이 같으면 총리나 장관 등이 지하철을 타고 다니는 것이나 어느 지역 내지 현장을 방문하여 주민들과 같이 식사하면서 이야기를 나누는 게 뉴스거리가 되지 않는다. 그저 일상일 뿐이다. 그 자리에서 모종의 특별한 발언이라도 나올 경우에야 뉴스에 오를까 말까 한다. 한국에서는 고위 관료, 특히 대통령이 일반인과 '신분'이 다른 사람으로 간주되어 일반인과 평등하게 한자리에서 만난다는 것 자체가 예사롭지 않은 일이라고 이야기해주면, 이미 동아시아 역사를 어느 정도 배운 학생들은 이런 '민생 투어' 같은 관습이 고대와 중세의 군주 순행(巡幸) 의례에서 파생된 것이 아니냐고 묻기도 한다.

물론 일면 그렇기도 하다. 굳이 그렇게 이야기한다면 북한의 '현지 지도'와 같은 정치적 행위의 패턴도 전통 시대 군주의 순행에서 파생되었다고 볼 수 있다. 한데 우리가 보통 특별하게 생각하지 않고 당연시하는 이와 같은 일상 속의 권위 의식, 권위주의는 단순히 과거의 유습만은 아니다. 과거는 현재를 결정짓는 중요한 변수이긴 하지만, 과거의 현재 결정력은 전혀 절대적이지 않다. 오늘날 왕족이나 내각 각료가 자전거를 당연하게 타고 다니는 등 평등 의식이 철저한 덴마크에서는, 18세기 후반까지도 귀족이 자기 영지의 농노에게 체벌을 가하여 때려죽이는 일이 적지 않게 나타나곤 했다. 덴마크뿐만 아니라 아이슬란드를 제외한 모든 북유럽 국가는 불평등이 당연시됐던 봉건제라는 역사적 유산을 안고 있다. 그러므로 권위주의 청산의 실패를 단순히 '과거 탓'으로 돌리기는 힘들 것이다.

　권위주의의 온존과 지속은 결국 현실적 권력 집중과 비민주성을 반영할 뿐이다. 한국 대통령이 노르웨이 총리와 달리 일반인과 신분이 다른 존재로 인식될 수 있는 현실적인 배경은 대통령이 쥐고 있는 엄청난 권력이다. 신권(臣權)이 왕권(王權)을 어느 정도 견제할 수 있었던 조선 시대의 임금보다 오늘날 대통령의 권한이 어떤 면에서 더 크다고 할 수도 있겠다. 대통령이 직접 임명권을 행사할 수 있는 자리(중앙부처 장차관, 공공기관 기관장·감사 등)만 해도 3,000~4,000개 정도 된다. 국립박물관 관장까지 대통령으로부터 임명장을 받는 광경을, 북유럽에서라면 상상하기 어려울 것이다. 공공 기관이지만 전문 기관인 만큼 기관장 인사를 전문가들로 구성된 인사위원회가 처리하는 것은 당연지사다. 한데 한국에서는 전문성보다 '정치적 판단', 즉 통치권자의 권력 행사가 앞선다. 대통령이 직간접으로 인사에 영향을 미칠 수 있는 자리(검찰, 법원, 주요 방송국 등)까지 포함하면 1만 개 이상 될 것이니 온 나라를 쥐락펴락할 수 있을 정도의 제왕적 권력이라 하겠다. 대통령 자리에 박근혜처럼 무능하고 범죄성이 강한 사람이 오를 경우, 국가 기능의 상당 부분이 거의 마비될 정도로 대통령으로의 권력 집중이 지나치다. 이와 같은 정도의 권력을 행사하는 사람을 과연 '시민'의 한 명으로 간주하여 평등하게 대할 수 있겠는가?

정규직 교수들의 권력 남용에 대해서는 최근에 이야기하는 사람이 하도 많아서 굳이 길게 언급할 필요조차 느껴지지 않는다. 물론 학부생이라면 요즘 대학에서 차라리 '고객'에 더 가까운 위치에 있으므로 굳이 개별 교수에게 인신 지배까지 받을 이유는 별로 없다. 그렇다고 해도 성적이라는 무기를 휘둘러 학생의 장차 취업 가능성에 상당한 영향을 미칠 수 있는 '갑'에게 학생들이 '깍듯이' 대할 것은 충분히 예상할 수 있다. 요즘처럼 임시직 취직마저 하늘의 별 따기인 청년 실업 보편화의 시대에는 학생들 간의 성적 경쟁이 치열할 때가 있고, 북유럽과 달리 대부분 한국 대학은 상대평가를 실시한다. 게다가 북유럽과 달리 평가 방식이 익명 평가와 같은, 평가의 객관성을 보장하는 방식도 아니고 외부 시험관이 같이 채점에 참여하는 것도 아니라서 교수가 막강한 영향력을 행사할 수 있다. 학부생이 '고객'이라면 요즘 대학원생은 교수의 '노예'에 가깝다. 아마도 한국 사회의 갑을 관계 중에서 가장 심한 착취가 이루어지는 것은 바로 지도 교수와 대학원생의 관계일 것이다. 여기에서도 군사부일체 따위의 낡은 관념들이 문제의 원인은 아니다. 문제는 민주성이 태부족한 이 사회의 현실이다.

권력은 현재 인류 문명의 필요악이다. 이상적으로 무권력, 무계급 사회로 이동했으면 좋겠지만, 아직 그렇게 되지 못한 상황에서 궁극적으로 사회를 불평등하게 만들고 서열화시키는 권력이라는 독소는 불가피하게 남아 있다. 이런 상황에서 차선책은 권력의 분산과 권력에 대한 민주적 견제다. 만약 노르웨이처럼 한국에서도 학과 단위에서부터 대학 전체에 이르기까지 학교의 각급 운영위원회나 이사회에 비정규직 교직원과 학생들의 대표도 참석한다면 '교수님'들의 권력을 어느 정도 견제하여 봉건 영주의 행진을 방불케 하는 국외 시찰들을 과거의 이야기로 만들 수 있지 않을까?

정치 민주화가 어느 정도 이루어진 이 시점에서 우리에게 제일 필요한 것은 사회의 민주화와 각종 사회적 관계들의 평등화다. '높으신 분'들의 군림이 없고, 각자 직분이 다를 뿐인데 '신분 차이'처럼 되어버린 경직된 위계성이 없는 나라야말로 사람 살기 좋은 곳이기 때문이다. 만약 대기업의 경영에 노동자 대표들이 참여할 수 있었다면 천인공노할 각종 불법과 갑질들을 방지할 수 있지 않았을까?

K와 1949년의 마오쩌둥

1949년 12월 16일. 눈 덮인 엄동의 소련 모스크바로 중국의 새 지도자인 마오쩌둥(이하 마오)이 기차를 타고 왔다. 그로서는 불안했을 법한 소련 방문이었다. 그는 외국어를 못했으며 그때까지 외국에 나가본 일도 없었다. 게다가 신중국이 건국된 지 두 달 반밖에 지나지 않았으니 중-소 관계는 그 성질상 당시로서는 평등할 리가 없었다. 제2차 세계대전의 승전국이며 핵보유국인 소련은 거의 30년 동안이나 중국 공산당의 후원자 역할을 해온 반면, 마오의 새 나라는 아직 그저 극심한 빈곤에 시달리는 농업 국가였다. 마오가 소련의 스탈린에게 요청해야 할 사항들은 소련 부대의 뤼순(旅順) 철수부터 무기와 차관 제공까지 태산 같았다. 마오로서는 얼마든지 위축될 만한 상황이었다.

한데 그는 위축되기는커녕 스탈린이 놀랄 정도로 위풍당당했다. 소련이 홀대하려 할 때마다 이를 큰소리로 꾸짖는가 하면,

스탈린과의 첫 대면에서 소련 공산당이 중국 혁명 문제를 둘러싸고 범한 오류들을 과감하게 지적해 스탈린으로부터 사과 발언을 얻어냈다. 그리고 새로운 중-소 조약을 협상했을 때는 사사건건 따져가면서 자국의 이해관계를 최대한 지키려 했다.

이런 당당함은 과연 어디에서 나왔을까? 마오는 정치인이면서 철학가였고, 중국의 과거에 정통했던 만큼 미래를 볼 줄 아는 혜안을 가졌다. 그는 소련이나 미국의 강성함이 역사의 '법칙'이라기보다는 '예외'에 가깝다는 것을 역사 공부를 통해 너무나 잘 알았다. 한(漢)나라 시절부터 제1차 아편전쟁까지 중국이 유라시아 세계의 경제·문화적 중심이었다는 것도, 서세동점(西勢東漸, 서양 세력이 동양을 지배함)의 시기가 언젠가 끝나고 이런 상태가 회복되리라는 것도 잘 알고 있었던 것이다. 당장은 힘이 모자라도, 그는 과거와 미래를 내다보면서 스탈린과의 협상 테이블에서 '맞짱'을 뜰 수 있었다. 1949년 당시와는 완전히 역전된 오늘날 중-러 관계를 보면 마오의 예측이 얼마나 정확했는지 쉽게 알 수 있다.

제대로 된 정치나 정책은, 적어도 수십 년 정도의 미래에 대한 예측까지 고려하여 만들어지는 것이다. 궁극적으로 장기적인 미래 비전을 가진 사회야말로 숫자놀이에 불과한 '성장'이 아닌, 질적인 발전을 이룬다. 그렇다면 대한민국의 미래를 예측하면서 정책의 큰 방향을 제시하고자 한다면 어떤 부분부터 중시해야 할 것인가?

첫째, 나라의 근간은 인민이다. 여성 한 명이 평생 낳을 것으로 예상되는 평균 출생아 수인 합계출산율이 0.84%밖에 안 되는 (2021년 감사원, 〈인구구조변화 대응실태〉 보고서) 초저출산 사회가 된 한국의 인구는, 유엔의 예측에 따르면 2100년에는 3,870만 7,000명으로 감소할 것이다. 그때는 한국인의 평균수명이 93세가 되어 고령 인구에 대한 돌봄 노동이야말로 가장 큰 사회적 과제로 부상할 것이다. 과감한 대학 평준화와 무상화로 막대한 사교육비를 줄여 육아 부담을 덜어준다면 출산율은 이와 같은 교육 체계를 갖춘 독일 수준(1.5% 정도)으로 오를지도 모른다. 바람직한 방향이지만, 그렇다 하더라도 인구의 자연 재생산을 통한 증가는 어차피 불가능할 것이다. 유일한 장기적 해결책은, 독일이 이미 시행하는 것처럼 대대적인 이민 수용이다. 대한민국은 현재의 노르웨이나 스웨덴처럼 외국계 인구가 총인구의 17~18%를 구성하는 이민 사회가 되지 않는다면 장기적으로는 존립 자체가 어려울 것이라고 봐야 한다.

이민 사회로 가는 것은 '다문화' 같은, 내용 없는 구호만으로는 안 된다. 일단 고용허가제를 폐지하고 다른 이민 사회들과 같은 정상적인 노동이민제를 채택해야 할 것이다. 즉, 대한민국으로 오는 노동자들이 이 사회에 기여하는 만큼 멀지 않은 미래에 영주권과 국적을 얻어 정착할 수 있다는 비전이 있어야 진정한 '다문화'의 가능성이 보일 것이다. 그리고 단순한 구호를 넘어 진짜 '다문화' 사회로 가자면 이민자들의 출신 사회와 본래 문화에 대한 수용과 존중의 태도부터 가져야 한다. 학교에서부터 표준어와 함께 연변(延邊) 말의 대강을 조금이나마 가르치고 베트남이나 필리핀의 역사와 문학을 가르쳐야 각종 마찰 및 갈등 방지와 상호 존중하는 분위기 조성에 도움이 될 것이다.

둘째, 인민들에게는 먹을거리부터 필요하다. 한국의 식량자급률은 산업화된 나라들 중에서는 제일 낮은 축에 속한다. 현재로서는 50% 정도이지만, 쌀을 제외한 다른 곡물의 수입 의존은 절대적이다. 쌀을 제외한 주요 곡물(보리, 밀, 옥수수, 콩 등)의 평균 자급률은 13%밖에 안 된다. 국제 곡물가가 급등할 경우 대한민국이 받을 타격은 '오일쇼크' 이상일지도 모른다. 문제는 장기적으로 그럴 가능성이 매우 크다는 점이다.

지금 한반도의 평균기온은 섭씨 12.3도이지만, 전 지구적 온난화에 따라 2050년에 이르면 3.2도가 더 올라 15.5도 정도가 될 전망이다. 폭염, 가뭄, 폭우가 잦아질 새로운 상황에 대한 한국 농업의 대응은 쉽지 않을 것이다. 현재 대한민국 전체 논(98만 4천 헥타르) 중 수로 등의 구조물이 설치되어 있어서 10년 빈도의 가뭄에 견딜 수 있는 논은 53%에 불과하다. 한데 국제적으로도 농지의 상당 부분은 사막화되고 있는 중이라 러시아와 캐나다 등에 기대는 국제 곡물 시장에서 곡물가는 앙등할 것이다. 우리가 '먹고사는 문제'에 몇십 년 후 다시 부딪치지 않으려면 지금부터 체계적으로 농업 지원을 강화하고 새로운 기후 조건에 적합한 품종의 개발과 보급에 나서야 한다. 미리 대비하지 않으면 인구 과

밀의 좁은 반도의 기후가 아열대화되는 상황에서 우리도 아주 힘든 상황을 겪을지 모른다.

셋째, 나라의 존재 이유는 인민의 행복이고 인민 행복의 근간은 심신의 건강이다. 한데 지금 대한민국은 구조적인 병리 사회의 한 사례다. 현재 1인당 명목 국민총생산은 유럽연합(3만 3천 달러) 수준에 가까운 3만 2천 달러이지만, 개인의 삶의 질은 그 어느 산업화된 사회보다 훨씬 열악하다. 이유는 간단하다. 오늘날 한국형 자본주의 모델이 불안정성과 과잉 경쟁, 그리고 여전한 장시간·고강도 노동을 특징으로 하기 때문이다.

한국만큼 평균 노동자의 근속 연수가 짧은 나라, 즉 고용 불안정성이 강한 나라는 산업화된 세계에서 찾기 힘들다. 한국 직장인들 가운데 절반 이상이 한 일자리에서 3년을 버티지 못하며, 평균 근속 연수는 4.5년에 불과하다. 직장에 남아 있더라도 업적 경쟁에 더해 충성 경쟁까지 살인적으로 이루어지고, 거기에다가 많은 업종에서는 여전히 1970년대 못지않은 초장시간 노동이 지배적이다. 과로사로 인정받는 경우만 해도 매년 300명이 넘는다. 여전히 경쟁, 스트레스, 과로가 한국인을 죽음으로 내몰고 병들게 한다.

한국형 신자유주의는 저출산의 주된 요인 중 하나이며 한국인에게는 지구온난화 이상의 재앙이다. 이 지옥 같은 시스템을 뜯어고치려면 단순히 소득주도성장만으로는 부족하다. 대학 평준화와 재분배 장치 강화만으로도 부족하다. 민간 부문 비정규직 고용 사유 제한과 모든 노동자들의 경영 참여권 획득은 필수적이다. 그래야 불안, 경쟁, 스트레스가 만연한 분위기를 협동과 연대의 분위기로 바꿀 수 있을 것이다.

우리 미래의 행복을 위한 전제 조건 중 하나는 바로 생존이다. 이민 사회로의 이행도, 수출이 아닌 식량 자급화와 같은 기초적 과제에 집중하는 것도 바로 생존 보장의 방법이다. 여기에 더해 또 하나의 전제 조건은 이윤 극대화와 경쟁 논리와의 완전한 작별이다. 이윤을 바라는 투자자들이 아닌, 안정되고 쾌적한 일자리를 원하는 노동자들이 일터의 주인이 되어야 이 전제 조건은 충족될 수 있을 것이다.

한국 주류 매체들이 '새로운 성장 동력'을 운운하지만, 미래의 진정한 문제는 '성장'이 아닌 각자의 삶의 질과 행복이다. 내가 밟히지 않으려면 누군가를 밟아야 하며 늘 불안에 전전긍긍해야 하는 사회에서 행복이란 없다. 약육강식, 각자도생이 없는 미래를 내다보는 정책이야말로 백년대계가 되고 '개혁'이 될 수 있다.

'온건'한 밀레니얼과 현대판 '평민'

2019년 여름, 조국 전 청와대 민정수석이 법무부 장관 후보자로 지명된 이후 자녀의 입시 관련 특혜 의혹이 제기되면서 정국이 한때 시끄러웠다. '명문대' 입학 과정에 법률적인 '불법'이 있었는지 여부를 떠나, 대중 정서 차원에서 이 문제는, 사회 '지도층'과 현대판 '평민' 사이의 명백한 격차를 드러냈다. 조 전 장관의 경우뿐만 아니라 오늘날 벌어지는 수많은 다른 사례에서도 그런 격차가 계속 드러난다. 편법이 작용하지 않는 경우라 해도 사회학에서 흔히 말하는 부모의 '문화 자본'과 '사회 자본'이 자녀의 고속 신분 상승을 크게 돕는 역할을 종종 한다는 것은 자명하다. 고소득자나 고학력자의 자녀가 아니면 정보의 한계 때문에라도 고등학교 재학 시절에 대학 실험실 인턴이 된다는 것은 불가능에 가까운 일일 것이다. 같은 나라의 시민이지만, 중산층 이상의 자녀가 밟는 인생의 궤도와 현대판 '평민' 자녀가 통과해야 할 여정이 태생적으로 다르다는 것만큼 대다수의 한국인이 받아들이기 힘든 현실도 없다.

오늘날 구미권에서는 사회적 불만, 나아가서 급진화의 중심에 신자유주의의 몰락이 가시화된 2008년 이후 사회에 진출한 '밀레니얼'들이 서 있다. 그들은 근현대 역사상 부모보다 훨씬 더 어렵게 살아야 하는 최초의 '박탈당한 세대'에 해당되기 때문이다. 미국의 경우, 육체노동자들의 평균 실질임금이 이미 1960년대 후반부터 제자리걸음을 하고 있었지만, 그나마 고학력 피고용자들의 실질임금은 2008년 이전까지 조금씩 오르고 있었다.

그러나 이제는 이들의 실질임금 인상도 벽에 부딪친 상황인데다 부동산 투기에 들어가는 엄청난 규모의 잉여 자금으로 인해 주거 비용만 계속해서 오를 뿐이다. 거기에다가 대학 교육 비용도 지속적으로 늘어나 이미 학자금 융자로 인해 채무자가 된 채로 졸업을 해야 하는 밀레니얼들은 주택 구매 융자(모기지론)까지 받아 상환할 능력이 대개는 결여되어 있다. 밀레니얼들의 궁핍이 급진화로 이어지는 것은 당연한 수순이다.

한국의 밀레니얼이라고 할 수 있는 10대 후반과 20대들은 정치적으로 평균보다 약간 '왼쪽'에 서 있긴 하다. 지난 대선 때 20대 유권자들은 12.7%나 주요 후보 중에서 가장 좌파적이라고 할 심상정 후보에게 투표했는데, 이는 격랑의 1980년대를 겪은 50대들의 투표율(4.5%)보다도 훨씬 높은 수치다. 그렇지만 구미권과 비교하자면 한국의 밀레니얼들은 여전히 '온건'하고 비정치적이다. 심상정이 미국의 버니 샌더스(Bernie Sanders, 1941~)나 영국의 제러미 코빈(Jeremy Corbyn, 1949~)처럼 비교적 급진성이 높은 '민주적 사회주의' 담론을 제시하는 것도 아니고, 샌더스나 코빈처럼 상당수 밀레니얼들의 정치적 구심점 역할을 하는 것도 아니다. 그렇게 정치에 많은 시간과 에너지를 쓰기엔 한국의 밀레니얼들은 살인적 학습 노동과 생업으로 너무 바쁘다. 그들은 적극적으로 저항에 나선다기보다는 '3포세대' '5포세대'와 같은 자조 섞인 자칭들을 통해 그 좌절감을 드러내고 있을 뿐이다.

그들이 구미권 청년들보다 덜 급진적인 또 하나의 이유는, 한국에서는 아직도 생존 메커니즘으로서의 '가정'이 존재하기 때문이다. 내가 살고 있는 노르웨이에서는 이르면 성년이 되는 18세부터, 아니면 대학 입학 시점부터는 청년이 부모로부터 분가하면서더 이상 부모 세대의 재정적 지원에 의존하지 않는다. 대한민국에서는 그 반대다. 자녀에게 직장과 아파트가 생길 때까지 그 자녀는 부모에게 '챙겨야 할 아이'다. '가정'의 존재는 한국 밀레니얼들의 불안감을 덜어주고 급진화를 더디게 만드는 동시에 부모 세대가 자녀의 입학, 취업 등 진로 문제에 매우 뜨거운 관심을 갖게끔만든다. 이 뜨거운 관심은, 조 전 장관의 자녀 등 '특수 계층 자녀'의 사회 진입 궤도에 대한 대중들의 상대적 박탈감으로 이어질수 있다. 이런 관점에서 보자면 20대나 30대에 부모 세대가 소유한 재벌 기업의 주요 간부직에 오를 수 있는 재벌 3세들에게 그보다 훨씬 더 심한 상대적 박탈감을 느낄 만도 한데, 한국의 보수 언론들이 조 전 장관과 같은 자유주의 정치인에 대한 맹렬한 비난을 선동하는 한편, 재벌가들의 기업 상속은 오히려 당연한 일로 치부하는 등 그런 정서가 생기지 않도록 만전을 기하는 것도 주목할 부분이다.

비교가 가능한 대부분의 산업화된 국가와 군이 견주자면, 기성세대 한국인의 삶이란 고생 그 자체다. 한국인의 삶은 보통 '회사', 즉 직장에 의해서 철저하게 식민화되어 있는 데다가 외환위기 이후로는 그때까지 유일한 사회보장 장치였던 '회사'도 언제 잘릴지 모를 불안한 곳으로 전락했다. 만성적인 고용 불안이야말로 한국인의 삶을 관통하는 코드가 된 것이다. 외환위기 이전에도 한국인들은 같은 제조업 대국인 독일이나 일본 등에 비해 훨씬 덜 잤으며, 지금도 일에 쫓겨 잠잘 시간을 갖지 못하는 풍토는 여전하다. 2017년 한국갤럽의 수면 관련 설문조사에 의하면 한국인의 평균 수면 시간은 6시간 24분인데, 이는 경제협력개발기구 회원국 평균보다 2시간이나 짧은 것이었다. 잠잘 시간도 충분히 갖지 못하지만, 휴가도 그다지 즐기지 못한다. 한국인의 평균 휴가 일수는 8일로, 산업화된 세계에서 '최저'다. 신자유주의 이전에도 대부분의 직장에서 엄청나게 고생을 해야 생존하고 진급할 수 있었다는데, 이제는 고생을 해도 언제 잘릴지 모르는 세상이다. 공무원(평균 근속 기간은 약 15년)이나 대기업(평균 근속 기간은 약 10년) 종사자처럼 한 직장에 오래 다닐 수 있는 사람은 직장인 사회에서 20%도 안 되고, 직장인의 평균 근속 연수는 불과 4.5년으로 경제협력개발기구 평균의 절반 수준이다.

언제 쫓겨날지도 모르고 잠도 덜 자고 휴식도 거의 취하지 못하는 한국인 기성세대의 유일한 위안은 무엇일까? '그나마 내 아이라도 대학을 잘 나와서 이런 고생을 면할 수 있도록 내가 좀 고생해야지'와 같은 생각이다. 문제는, '지도층' 자녀들의 사회 진입 궤도의 면면을 언론을 통해 알게 된 사람들이 더 이상 이와 같은 방식으로 자기 위안을 찾을 수 없게 되었다는 것이다. 그들이 아무리 상사의 폭언을 들어가면서 직장에서 과로사 할 정도로 일을 한다 해도 그들의 자녀가 고등학교 시절에 학술 논문의 제1저자가 될 수 없는 현실을 너무나 잘 아는 것이다. 그들의 좌절감은 과연 어느 정도일까?

중도 우파의 문재인이 아닌 온건 사민주의자 심상정이 대통령이 되어도 한국 사회의 엄청난 빈부 격차 등을 대통령 재임 기간인 5년 동안 큰 폭으로 감소시키기는 힘들 것이다. 그러나 적어도 부모 세대의 재산과 사회적 네트워크, 그리고 문화 자본이 차세대의 '명문대 학력'과 사실상의 신분 세습으로 이어지게 하는 핵심적 메커니즘인 '명문대 학벌'은 조금이라도 타파할 수 있지 않겠는가? 법적으로 재단의 사유재산인 고려대나 연세대 등 명문 사립대는 몰라도, 적어도 서울대를 비롯한 여타의 국립대학들은 입시 절차를 평준화해 통합네트워크로 운영하는 것은 현존의 법률 체계상 충분히 가능하지 않겠는가?

서울대를 비롯한 명문대 학력을 부모의 힘으로 얻는 '2세 사회 귀족'들이 부모의 사회적 지분을 그대로 세습하는 광경을, 힘들게 하루하루를 보내는 다수의 한국인들이 계속 봐야 하는 한, 이 사회에서 최소한의 사회적 신뢰 구축은 불가능할 것이다. 자녀의 미래에 대한 희망마저도 박탈당한 현대판 '평민'들의 분노, 좌절, 절망 속에서 무슨 '진보 개혁'이 가능하겠는가?

학벌 사회에는 없는 것

시카고대 석좌교수인 브루스 커밍스(Bruce Cumings, 1943~)는 한국전쟁의 기원에 대한 연구로 유명하다. 그가 쓴 《브루스 커밍스의 한국현대사》(2001)를 보면 한 가지 재미있는 주장이 있다. 한국전쟁은 국제전이자 동족상잔의 비극이었지만 동시에 뜻하지 않게 '신분 해방'에 기여했다는 내용이 바로 그것이다. 일제강점기만 해도, 비록 형식적으로는 신분 질서가 해체됐지만 조선인의 80%가 살던 농촌에서는 여전히 백정 등 천민 출신이 차별을 받고 노비 출신은 아무리 나이가 많아도 평생 반말을 들어야 했다. 반상(班常) 차별도 많은 곳에서 비공식적으로 엄존했다. 그런데 전쟁이 초래한 대규모 인구 이동의 혼란 속에서 노비 출신과 양반 출신이 뒤섞이고 전쟁 이후에 인구가 급속히 불어난 도심에서는 누가 양반, 상민, 천민의 후손인지 알 수조차 없었다. 그렇게 해서 수백 년 동안 존재해온 신분 차별의 패턴이 불과 몇 년 사이에 없어졌다는 것이 커밍스의 설명이다. 그래서 그는 전쟁을 '평등화의 위대한 기제'라고 부른다. 그리고 이를 두고 이와 같은 난리를 거치지 않아 1945년 이후에도 계속 부락민 차별 문제에 시달려온 일본과 대조하기도 한다.

나도 수업하면서 커밍스의 이 주장을 긍정적으로 언급하곤 한다. 그러나 이 주장에 공감하면서도 한 가지 덧붙일 것이 있어 보인다. 신분 차별은 없어졌다기보다는 패턴이 바뀌었을 뿐이라는 것이다. 과거 사회의 양천, 반상 차별을 대신해서 오늘날에는 학벌 사회의 틀이 공고해졌다. 양반이 세습 신분인 반면 학벌은 개인이 획득하는 신분이라는 반론이 제기될지 모르지만, 속칭 '스카이(서울대, 고려대, 연세대)' 학벌이 점점 '세습'되는 경향이 강하게 나타나는 현실을 아무도 부정할 수 없다. 그뿐만이 아니다. 신자유주의적 '세계화' 시대인 만큼 '스카이' 학벌 소유자인 부모들은 그들의 자식들을 아예 미국의 사립 초·중·고등학교, 명문대에 일찌감치 유학 보내는 등 국내의 학벌주의가 '국제적' 면모까지 띠게 됐다. 나아가서 이제 학벌은 단순히 '신분'의 범주를 넘어 대한민국에서 하나의 사이비 종교가 됐다. 인생의 궤도뿐만 아니라 각자의 내면까지도 지배하게 된 것이다.

15년 전의 일이다. 한인 교민이 많이 사는 한 외국 도시에 갔을 때 거기에서 현지 한인 언론인 한 분을 만나게 됐다. 인터뷰 자리는 자연스럽게 식사 자리로 이어졌고, 헤어질 무렵이 되었을 때 상대방이 나에게 인사처럼 이런 말을 건넸다. "다시 오실 때

미리 말씀해주세요. 여기에 사는 서울대, 연대, 고대 동문들과 함께해서 강의 자리를 만들어보겠습니다." 나에게 사회 비판적 내용의 강의를 요청한 만큼 아마도 스스로를 '진보'라고 정의하는 언론인이었을 터인데, '서울대, 연대, 고대 동문'과 '나머지' 교민들을 분리해서 사고하는 것은 그에게 자연스러워 보였다. 학벌주의에 '좌'와 '우'가 따로 있는가? 자녀의 학벌 세습을 위한 조건이 요구될 때 고등학생 자녀를 학술 논문 제1저자로 만드는 일은, 진보적 학자도 보수 야당의 대표도 똑같이 하는 행동이다.

학벌은 1차적으로 차별의 구도다. 이 차별의 철저함은 정말이지 전통 시대를 방불케 할 정도다. 예컨대 몇 년 전 연세대 커뮤니티 익명 게시판에 올라온 다음의 내용이 〈한겨레21〉에 연세대 학생들이 기고한 글에 인용되어 화제가 된 적이 있다.

"연세대학교 입시 결과별 골품 비교한다. 성골=정세(정시 합격생)·수세(수시 합격생)·정재세(재수 정시 합격생), 진골=정삼세(삼수 정시 합격생)·정장세(장수 정시 합격생)·수재세(재수 수시 합격생), 6두품=교세(교환학생으로 온 외국인 학생)·송세(연세대 국제캠퍼스생)·특세(특별 전형), 5두품=편세(편입생), 군세(군인 전형), 농세(농어촌 전형), 민세(민주화 유공자 자녀 특별 전형)…"

이 글에는 신촌캠퍼스 학생들이 원주캠퍼스 학생들을 차별하고, 같은 신촌캠퍼스 안에서도 입시 점수를 놓고 '지체' 높은 학과의 학생들이 다른 과 학생들을 차별하는 현상이 노골적으로 드러나 있다. '스카이' 홍패(?)를 쥐고 있는 현대판 사대부(?)들이 지방대 출신 등을 '상민' 취급하여 차별하는 데에 머무르지 않고, '스카이' 안에서도 전문 연구가 필요할 정도로 복잡다기한, 조선 시대의 서얼 내지 북인, 남인 차별을 연상케 하는 세부적인 차별 구도가 존재한다는 것이다. 한국에서 '근대화'를 상징하는, 근대적인 보편적 이성을 대표해야 할 '지성의 성전'들은 도대체 어쩌다가 이 지경이 된 것일까?

사회 전체를 지배하는 학벌주의가 사회화 과정에서 개인의 내면을 파괴하는 것이 문제의 뿌리다. 명문대 서열은 대학 졸업 이후 펼쳐지는 개인 인생의 궤도를 결정할뿐더러 입학 전 삶과 학습의 궤도도 좌우하고, 나아가서 개인 내면 형성에서도 중추적 역할을 한다. 19세 이전의 삶과 학습의 유일무이한 목표가 선생님과 교과서가 지시한 대로 특정 내용을 암기해서 암기 경쟁으로 특정 집단의 소속을 따내는 데 있다면, 그 시기에 자율적·독립적·주체적 개인으로서의 내면을 형성하기란 사실상 불가능하다. 자율적 개인은 외부에서 주어지는 모든 것을 스스로 회의해보고 스스로 판단을 내리는 사람인데, 암기 경쟁을 위해서 10여 년간 관리되어온 젊은이가 그런 자율성이나 주체성을 획득하기란 불가능할 것이다. 자율적 자아가 형성되지 않는 대신에 일찍부터 타율성의 일종인 서열 의식이 머리를 지배하게 된다. 삶과 학습의 유일한 목표가 서열이 높은 집단에 합류하는 것이 되면, 모든 종류의 서열이 쉽게 합리화된다. 학벌 사회에서 자라는 아이는 살고 있는 아파트 평수가 작은 친구나 학교 성적이 부진한

친구, 나아가서 다문화 가정 출신의 친구를 무시하기가 매우 쉽다. 그들에 대한 차별이란 그저 당연시되는 서열의 재확인일 뿐이다. 나아가서 양성평등 정책이 지금까지의 남녀 차별의 서열적 구도를 위협할 것 같으면, 학벌 사회에서 키워진 남성들은 매우 쉽게 '여혐'의 유혹에 빠진다. 남성보다 '감히 더 잘나가는' 것 같은 여성들은 그들에게 신성한 서열에 대한 도전자로 인식되는 것이다.

학벌 사회의 질서는 한국 사회 전체를 지배하면서 이 사회를 각종 차별, 배제, 혐오의 도가니로 만드는 데 일등 공신의 역할을 한다. 학벌 사회가 존재하는 이상, 이 나라에서 주체성이 있는 개인으로 성장하기란 불가능에 가까울 것이다. 수 세기 동안 굳어진 반상, 양천의 차별 구도가 한국전쟁과 이농, 도시화 과정이라는 외부적 쇼크 속에서만 해체될 수 있었듯이, 학벌 사회도 어떤 외부적 쇼크 없이는 스스로 해체되지 않는다. 학벌 사회를 해체할 수 있는 외부 충격이란 바로 역차별 정책이다. 적어도 공직 사회나 공기업, 각급 학교에서는 '스카이' 출신 채용의 상한제 같은 제도가 필요하다. 아무리 고액 과외와 학원 수업을 받아 암기를 잘해서 '스카이'에 들어가도 판사, 검사, 교수가 될 가능성이 속칭 '지잡대' 출신과 크게 다르지 않다는 것을 개개인이 일찍부터 알게 되면 학벌주의에 중독될 확률이 크게 낮아질 것이다. 학벌주의가 사라지지 않는 한 '나라다운 나라'도 개인다운 개인도 절대 없을 것이다.

K에는 없는 것

나는 그 부부를 24년 전에 서울에서 만났다. 그들이 걸어온 길은 특이하고 비극적이었다. 남자는 김일성종합대를 나온 북한의 수재 출신이었다. 그는 1980년대에 유학생으로 소련에 갔다가 한 현지 여성과 운명적 사랑에 빠졌다. 북한은 1962년 이후로는 대개의 경우 국제결혼 등을 비공식적으로 불허해온 사회다. 결국 사랑과 조국 사이에서 갈등하다가 그는 전자를 택했다. 때마침 소련이 붕괴 과정에 들어갔고 그는 서방을 거쳐 서울로 들어와 탈북과 정착의 절차를 밟을 수 있었다. 완벽한 러시아어 구사력과 정보기술 능력으로 무장한 그는 곧바로 구소련 출신 엔지니어들을 모아 벤처기업을 만들어 성공으로 이끌었다. 한국의 보수 언론들은 그를 '탈북자들에게 모범이자 희망이 되는 인물, 한국은 기회의 땅이라는 사실을 세계에 알린 인물'이라고 대내외적으로 홍보했다.

그러나 나는 그 부부의 모습에서 '코리안 드림' 실현에 대한 기쁨을 전혀 읽어낼 수 없었다. 그들은 한마디로 남한에서의 삶에 지칠 대로 지친 모습이었다. 고난의 행군이 끝난 뒤인 그 시절에 들어온 대부분의 탈북자들과 달리 그들은 경제적으로 고생하지 않았다. 그런데도 북한 사투리가 들리기만 하면 이상한 시선으로 응시하고, 북한 출신이라는 사실이 알려지기만 하면 위험하고 이질적인 분자 취급을 하는 배제의 분위기에 깊은 상처를 받은 그들은 더는 남한 생활을 견디지 못하겠다고 토로했다. 그들은 '귀순자'와 같은 '비정상인'으로 취급받지 않고 그저 남들과 다를 게 없는 '일반적인' 사회 구성원으로 통합되어 살기를 원했다. 결국 그들은 머지않아 탈북에 이어 탈남까지 감행해 한 서방국가에 정착하게 됐다. 나중에 전해 들은 이야기에 따르면 혈통이나 민족 차원에서 아무런 인연도 없는 그쪽에서 그들은 오히려 남한에 비해 훨씬 더 행복하게 살고 있다고 했다. 남한에서 살았을 때는 남한 사람들의 눈치가 너무 부담되어 주로 같은 탈북자나 구소련 출신들과만 교제했던 그들은, 외국에 나가서야 현지 사회에 통합될 수 있었다.

　　북한 출신에 대한 한국 사회의 통합 실패를, 오랜 분단과 적대의 영향, 아직도 강하게 남아 있는 레드 콤플렉스 등으로 설명할 수 있을지도 모르겠다. 그런데 과연 외부 출신에 대한 사회 통합의 실패는 북한 출신에만 국한되는가? 내가 지난 20여 년 동안 한국에서 만난 각종 외부 출신들은 수백 명에 이를 것이다. 그들

중에는 경제적으로 어려움을 겪거나 고된 노동을 감내해야 하는 중국 조선족 출신이나 중앙아시아 고려인 출신, 북한 출신들도 있는가 하면, 속칭 '스카이' 등 명문대에서 교편을 잡고 상당한 연봉을 받으며 부족함 없이 사는 미국 내지 유럽 출신들도 있었다. 온갖 인권 침해를 당해온 약자들도 있었지만, 비교적 순탄하게 살아온 중상층 구성원들도 있었다. 경제적으로도 국적이나 인종 차원에서도 각양각색인 한국 내 외부자들인 그들에게 나타나는 딱 하나뿐인 공통점은? 그들 중 어느 누구도 한국 사회에 대해 강력한 소속감을 느끼며 '내 자녀들도 자자손손 이 땅에서 살 수 있겠다'라는 생각을 하지 않았다는 것이다.

정확히 이야기하면, 한국 사회는 그들로 하여금 그런 생각을 갖지 못하게 해왔다고 할 수 있을 것이다. '스카이'에서 '교수님'으로 불리며 땅값이 매우 높은 부촌에서 살고 선망의 대상인 미국 여권을 소지한 사람들마저도 "나는 한국의 대학에서 전시품에 불과하다. 한국인 권력자들이 나에게 악감정이 생기거나 더 이상 나를 필요로 하지 않으면 언제든지 밀려날 수 있다는 것을 매일 느낀다"라며 불안감을 토로할 정도다. 식민 모국에 비견될 만한 영향력을 한국에 미치는 나라에서 온 부유한 고학력자조차도 그렇게 느낀다면, 공사장에서 일하는 우즈베키스탄의 고려인이나 식당에서 일하는 '연변 아주머니'가 과연 한국 사회를 어떤 눈으로 볼 것인가?

우리는 매우 정당하게 한반도 국가들에 대한 배타주의적 적대감을 부채질하는 일본의 아베 신조(安倍晋三, 1954~) 전 총리 같은 극우 정객들을 비판해왔지만, 사실 외부에서 온 주민들이 몸으로 느끼는 사회적 배제 차원에서 보면 한국은 오히려 일본에 꽤나 가깝다. 한·일 양국은 세계적으로 가장 성공적인 압축적 근대화의 사례로 꼽히는데, 이 두 나라에서 사는 외부자들이 체감하는 것은 근대사회다운 개방성이라기보다는 매우 강한 폐쇄성이다. 그 이유는 무엇일까? 아마도 한국과 일본이 산업화된 세계에서 여성의 지위가 가장 낮은 사회로 알려진 이유와 같을 것이다. 한·일 양국에서 근대화를 주도해온 것은 보수적 기득권층이었고, 그들이 원하는 근대란 인간의 해방이라기보다는 부국강병이었다. 이 부국강병의 개발주의적 계획 속에서는 양성평등도, 외부자에 대한 개방성도 들어설 자리는 없었다.

한·일 양국에서 보인 '반동적 근대주의'는 군대나 군대를 빼닮은 국가 관료 기구 등이 사회의 준거집단이 된다는 것을 의미한다. 이 관료 집단은 보통 서로 간에 유사 가족 관계를 유지하는 명문대 선후배 네트워크가 장악하게 되는데, 군부대나 중년남성 위주의, 관직에 잔뼈가 굵어진 명문대 출신 네트워크는 그 속성상 외부인들에게 쉽게 개방될 수 있는 조직들도 아니고 남녀평등을 제대로 실천할 만한 조직들도 아니다. 한국이나 일본에서 근대사회를 지배해온 또 하나의 주요 조직은 바로 특정 족벌이나 연공서열이 높은 고참 임원들이 운영하는 대기업인데, 그 조직들 역시 개방적일 리가 없다. 그렇다면 이들 조직에서 배제되는 것은 외국인뿐일까? 사실 극도로 위계 서열화되어 있는 한국 내지 일본식 조직 문화에서는 배제를 당하지 않는 사람들이 출신 국가나 국적을 불문하고 오히려 소수다. 여성이거나, 학벌이 없거나, 특정 족벌의 구성원이 아니거나, 조직에 막 들어온 막내이거나, 비정규직이라면 배제를 당하거나 각종 괴롭힘이나 개인적 착취의 대상에 오른다. 평등이라는 것이 구조적으로 불가능한 '반동적 근대'는 내부자들마저도 한 줄로 세워 그 아래쪽에 속하는 사람들을 배제하거나 괴롭히는데, 하물며 외부자들의 신세는 어떻겠는가?

평등이 존재하지 않는 서열적 사회의 통합 능력은 제로에 가깝다. 그래서 탈북 행렬 못지않게 탈남 행렬도 계속 이어지는 것이다. 앞에서 이야기했듯이, 사랑을 찾아 탈북을 감행한 김일성종합대 출신 유학생은, 한국에서 성공을 했어도 하루도 마음 편히 살지 못하고 평등과 사회 통합을 찾아 다시 탈남을 해야 했다. 평등이 없으면, 즉 주류와 같은 경제력이나 학력이 없어도 같은 인간이자 같은 시민, 주민으로 동등하게 대해주는 사회적 관행이 정착되지 않는다면 외모나 여권 색깔이 다른 사람들까지 안고 갈 수 있는 사회로 거듭나기는 더더욱 불가능할 것이다. 평등, 사회적 서열 의식의 파괴는 사회 통합의 전제 조건이다. 그리고 고령화와 초저출산의 시대에는 사회 통합과 더불어 이민자들이 쉽게 정착해 대대로 같이 어울려 살 수 있는 사회의 출현이야말로 대한민국의 핵심적인 장기 국가 과제가 되어야 한다.

병리가 되어버린 K형 팬덤 정치 문화

2020년에 벌어진 박원순 서울시장의 성추행 의혹 사태와 관련해 나를 놀라게 한 것은 그 의혹 자체가 아니었다. 슬픈 일이지만, 공공 부문을 포함해서 직장 내 성희롱과 성추행은 한국에서 여전히 만연해 있다. 2019년에 여성가족부가 발표한 조사 결과를 보면 여성 직장인 중에서 성희롱을 경험한 비율은 14.2%나 된다. 즉, 일곱 명 중 한 사람은 직장에서 성희롱에 노출되어 있는 것이다. 재야 시절 훌륭한 업적을 남긴 분이 성추행 의혹을 받는 것도 놀랍지는 않았다. 권력은 인간의 '뇌' 작용을 크게 좌우하게 되어 있고, 여전히 가부장적인 사회 분위기 속에서 위계 서열의 '꼭대기'에 있는 남성이 보호막 없는 여성 하위자를 상대로 희롱이나 추행을 범할 위험성은 얼마든지 있을 수 있다. 2019년 법원 판결로 성추행 의혹이 확인된 고은 시인도 재야 투쟁 시절에 용감하게 싸웠고, 또 일찌감치 문학적으로 높은 평가를 받은 작품들을 남긴 사람이 아닌가? 공적이 있다 해서 성추행을 평생 범하지 않으리라는 보장은 없는 법이다. 인간은 약한데, 권력이 인간을 부패시키는 힘은 너무 강하다.

나를 정말 놀라게 한 것은, 고인이 된 가해자의 일부 극렬 지지층, 그리고 전체적으로 그가 속한 진영의 일부 열성 지지층의 '태도'였다. 여러 가지 공로가 있었던 이의 사망을 애도하는 것이야 당연하다. 그런데 그 의혹과 관련된 신문 기사나 소셜네트워크서비스(SNS) 게시글에 달린 댓글들을 보면, 정당한 애도를 넘어 피해자에 대한 혐오 감정을 노골적으로 드러내거나, 심지어 피해자를 2차 가해하는 내용이 지나치게 많았다. 가장 흔히 볼 수 있었던 내용은 "4년이나 왜 참았느냐"는 식의 "의심"이었다. 성희롱, 성추행에 대한 상식이 이 정도로 형성되어 있지 않다는 것이 개탄스러울 뿐이다. 앞에서 인용한 여성가족부 조사에 따르면 직장 내 성희롱 피해자들의 82%가 '참고 넘어가는' 것으로 대응을 마무리한다. 공무원 사회에서마저도 성희롱 피해를 신고할 수 있는 채널은 거의 없으며, 피해자가 막대한 인사상의 불이익이나 경력 단절을 각오하지 않으면 안 되는 것이 작금의 유감스러운 현실이다. 사실 2차 가해성 발언이나 각종 '음모론'으로 가득 찬 이런 인권침해적 댓글들이야말로 왜 수많은 피해자들이 4년도 아니고 평생 참고 사는지를 아주 설득력 있게 보여준다. 우리는 여전히 '여혐'과 남성의 특권이 강하게 작동하는 페니스 패권의 퇴보적인 사회에서 살고 있기 때문이다.

그러나 여전한 마초 의식과 인권 감수성의 태부족, 낮은 성인지 감수성 등을 넘어서 이 2차 가해성이 강한 댓글들은 또 다른 문제와도 연결되어 있다. 한국 사회에는 특정 명망가에 대한 무비판적이고 몰개성적이며, 때로는 극도의 공격성을 띠는 '팬덤(열성 지지)' 문화가 존재한다. 물론 극렬 팬덤은 정치인들만 대상으로 하는 것은 아니다. 지금은 거의 기억에서 사라졌지만, 지금으로부터 17년 전 황우석 전 서울대 교수의 줄기세포 복제 연구 조작 사건이 터졌을 때 황우석을 '사수'하려는 태도를 공격적인 방법으로 표현했던 '황빠' 집단이 출현했다. 과학에 대한 맹신과 민족주의적 열망, 과학을 통한 국제 경쟁의식에 사로잡힌 '황빠'들의 집단 사고 속에서 황우석은 '민족 영웅'의 자리를 점하고 있었다. 황우석의 진면목이 다 드러났음에도 '영웅'에 대한 갈망이 강했던 만큼 극렬 지지자들은 현실을 받아들이려 하지 않았다. 황우석의 난자 채취 방식에서 드러난 여성 인권 유린과 같은 문제들은 그들에게 아예 관심 밖이었다.

정치인에 대한 극렬 팬덤은 강경 보수나 자유주의 진영에 두루 나타나는 보편적인 문제다. 5년 전 박근혜 전 대통령이 부패와 권력 남용 등으로 탄핵재판을 받았을 때 극렬 지지자들은 그를 '예수'에 비유하기까지 했다. 무비판적이고, 거의 유사 신앙적인 태도의 끝은 여기서 그치지 않았다. 9년 전, 당시 경북 구미시장은 박 대통령의 아버지인 박정희 전 대통령을 아예 "반신반인"이라고 표현했다. 북한을 거의 '악마'와 같은 존재로 보는 한국의 일부 초강경 보수는, 북한 사람들이 들어도 깜짝 놀랄 정도의 극도로 과장된 수사를 자신들이 추앙하는 '지도자'들에게 사용하는 것이다. 논리적으로 생각하면 자유주의 진영은 이와 같은 숭배에 가까운 무비판적인 태도와 확연히 구별되는, 합리적이며 비판 의식이 전제된 진보적 지도자관을 가졌어야 했다. 그러나 가끔 보면 '숭배'로 오인될 정도의 태도는 자유주의 진영에서도 확인되곤 한다.

재작년의 일을 예로 들자면, 문재인 대통령에게 '장사가 안된다'라고 하소연한 시장 상인의 신상 정보를 인터넷에 유통시키고, 그 '불경한 언사'를 마구 공격한 일부 극렬 지지층의 태도는 태극기 집회의 분위기를 연상케 할 정도였다. 개인 정보와 관련된 인권적 고려도, 입장이나 의견 차이에 대한 기본적 존중도 전혀 보이지 않았다. 한 일간지에 「민주당만 빼고」라는 제목의 칼럼을 통해 민주당의 진보성에 대해 합리적인 의심을 제기한 임미리 고려대 교수에 대한 적의에 찬 태도도, 과연 자유주의 진영에 자유주의 정신이 얼마나 살아 있는지 고민하게 만들 정도였다. 결국 성추행 의혹에 휩싸인 자유주의 진영의 유명 정치인이 극단적 선택을 한 상황에서 오로지 피해자에게만 모든 화살을 돌리는 태도 역시 이와 같은 극렬한 정치 팬덤의 연장선상에 있다고 봐야 할 것이다. 박정희 공포정치의 피해자들에 대한 고려 없는 박정희 숭배, 박근혜 적폐 정권의 피해자들에게 적대적일 뿐인 태극기 집회의 분위기와 마찬가지로 자유주의 진영의 극렬 팬덤도 기본적 인권 의식조차 결여됐다. 그저 명망가나 권력자와의 무한한 자기 동일시만 보일 뿐, 권력의 부작용이나 남용 문제에 대한 비판 의식은 전혀 보이지 않는다. '우리 편'의 권력자가 무조건, 늘 옳다는 맹신만 있을 뿐이다.

권력이 '전부'인 철저한 위계 서열에 익숙해진 사회에서 자신과 특정 권력자를 상상 속에서라도 연결시켜 동일시하려는 욕망은 어쩌면 당연한지도 모른다. 그렇게 해서 권력을 영원히 가질 일이 없는 자신에게 위안을 주는 셈이다. 거기에다가 각종 '빠'들이 대량생산하는 것은 원자화되고 극도로 냉소적인 사회에서의 '권위' '참다운 어른'에 대한 욕구일 것이다. 어디에서도 믿을 만한 사회적 '어른'을 찾을 수 없어 헤매고 있는 신자유주의 사회의 피해자들은, 특정 정치인에게 그들의 욕망을 투영해 그를 유사 가부장으로 '모시는' 것이다. 문제는, 그렇게 해봐야 이 열성 지지자들을 괴롭히는 신자유주의 폐단들이 결코 없어지지 않는다는 것만이 아니다. 극렬 지지가 잘못하면 바로 인권유린으로 이어지는 것도 한국형 팬덤 정치 문화의 문제다.

죽음의 정치학

한국 근현대 정치사에서 '죽음'은 중요한 위치를 차지한다. 주지하
듯, 3·1운동을 촉발시킨 촉매제는 바로 (많은 조선인이 일제에 의
한 독살로 의심했던) 고종의 사망이었다. 7년 뒤인 1926년의 순종
사망도 6·10만세운동을 촉발시켰다. 해방 이후에는 정권 반대자
의 고통스러운 죽음이 종종 민주화운동의 상징이자 그 도화선에
불을 지피는 '사건'이 되곤 했다. 1960년 김주열의 죽음, 1987년
이한열과 박종철의 죽음이 그랬다. 그사이 1970년에 분신한 전태
일은 노동운동을 상징하는 '아이콘'이 됐다. 사회적 타살로 규정
지을 수 있는 2014년의 세월호 침몰은 박근혜 정권의 명분도 동
시에 침몰시켰다. 우리는 흔히 한국사의 '역동성'을 상찬하지만,
이 역동성 뒤에 숨어 있는 것은 바로 역사의 분기점마다 누군가
가 흘린 피다.

그러나 고통받고 죽는다 해도 '모든' 죽음이 똑같이 기억되어

'운동'의 촉매제가 되는 것은 아니다. 이는 한국만의 사정도 아니지만, 비극적이게도 약자들의 고통스러운 죽음의 대부분은 그 어떤 의미도 부여되지 않은 채 그냥 망각되고 만다. 고종, 순종은 태생적으로 조선 500년 사직의 상징이었고, 김주열이나 이한열, 박종철은 '사회적 운동에 나선 학생'으로서 학생운동의 상징이 됐다. 전태일은 공업화가 탄생시킨 신생 노동계급을 상징하게 됐고, 세월호 침몰의 피해자들은 신자유주의 국가로부터 기본적인 생명의 보호마저도 받을 수 없게 된, '나라'가 구조하지 않고 익사를 방기한 서민의 상징이 됐다. 이 죽음들에 사회가 '관심'을 기울여 그나마 다행이지만, 대부분의 피해자들은 아무리 고통스럽게 죽더라도 그 죽음들의 사회적인 의미를 부여받지 못한 채 유족들에게만 기억된다.

한국에서 가장 전형적인 '자연스럽지 않은 죽음'은 바로 노동자들의 산업재해 사망이다. 하루에 2~3명이 떨어져 죽고 깔려 죽고 감전 사고를 당해 죽는데, 대부분의 경우는 언론에 보도되지 않거나 단신 보도만 된다. 4년 전에 '인건비'를 아끼려는 기업의 탐욕으로 혼자 작업하며 컨베이어벨트로 몸을 집어넣어야 했던 김용균 노동자는 머리가 기계에 끼여 절단된 채로 숨졌다. 그나마 이 끔찍한 죽음은 세간의 이목을 끌어 '김용균법'의 입법으로 이어졌다. 그러나 이 법은 노동자들의 목숨을 보호하는 데에 계속 실패한다. 정부는 '위험 작업 2인 1조'를 공공 부문에서 의무화했다고 하지만, 이 지침은 제대로 지켜지지 않는다. 김용균이 일했던 태안화력발전소에서는 약 2년 전에 또 한 명의 비정규직 노동자가 하역 작업을 하다가 2톤 기계에 하체가 깔려 숨지는 사고가 발생했다. 그도 김용균처럼 혼자 일해야 했던 것이다. 김용균의 죽음은 일시적 주목을 받았으나, 노동이 파편화되어 영향력을 갖지 못하는 사회에서 이윤을 위해 노동자를 희생시키는 끔찍한 현실에 대한 제대로 된 반성을 끝내 일으키지는 못했다. 2020년만 해도 한국도로공사, 한국주택공사 등이 발주한 사업 과정에서 29명의 노동자가 죽었지만, 조국 전 장관 딸의 표창장이나 추미애 당시 법무부 장관 아들의 휴가 이야기로 지면을 도배하던 보수 언론들은 노동자들의 죽음에 거의 관심을 기울이지 않았다. 이 나라에서 노동자의 목숨은 파리 목숨인가 싶은 생각이 절로 들 지경이다.

국내 노동자의 죽음은 그나마 '김용균법'처럼, 의도가 좋으나 별로 효과를 거두지 못한 새 법률의 제정으로 이어지기라도 했지만, 외국인 노동자들의 죽음은 한국 사회에서 거의 반향을 일으키지 못한다. 사실, 산재와 산재 사망 위험 노출도는 내국인보다 외국인이 훨씬 높다. 2019년에는 국내 노동자 전체의 3% 정도밖에 안 되는 외국인 노동자 중에서 전체 산재 사망자의 10%나 나왔다. 고용허가제로 들어오는 외국인 노동자는 비정규직(계약직)이며 대다수는 노조 가입이 되어 있지 않아 늘 위험 업무는 그들에게 손쉽게 전가된다. 그런데 외국인이 소모품처럼 한국인을 대신해서 고위험 업무를 맡아 다치거나 죽어야 하는 이 상황에 대해, 한국 사회는 과연 어느 정도 의식하는가? 기계에 머리가 끼여 사망한 김용균이 만약 중국 동포 노동자였다면 과연 그의 죽음은 사회적으로 그만큼의 반향이라도 일으킬 수 있었을까?

외국인 공장 노동자들만 목숨을 걸고 일하는 것도 아니다. 가사·육아 노동자로 그 성격이 규정될 수 있는 이주 여성들도 내일을 기약할 수 없는 삶을 사는 경우가 많다. 국내에 들어온 결혼 이주민 여성 가운데 절반 정도는 가정폭력에 시달리고 있으며, 2007년부터 2017년까지 10년 사이에 그로 인해 15명의 외국인 여성이 희생됐다. 한국에서 산재와 폭력, 그리고 부자연스러운 죽음에 노출되어 있는 외국인의 삶을 본격적으로 개선하고자 한다면 노동자들을 현대판 시한부 노예로 만드는 고용허가제를 폐지하고 노동허가제로 대체해야 한다. 남편의 폭력이 신고되는 경우에는 결혼 이주민인 여성이 이혼을 하고 독립해도 한국에서 계속 체류할 수 있는 자격을 부여해야 한다. 그러나 외국인들이 계속 죽어나가도 그 죽음에 사회가 의미 부여하기를 사실상 거부하고 있다. 그리하여 지금까지 제도 개선에 대한 요구가 여론을 주도하지 못하는 상황이다.

망각당하는 끔찍한 죽음은, 국내외 노동자들이 계속 사망하는 공장과 공사장에서 그치지 않는다. 38선도 여전히 사람들을 죽인다. 2020년 월북을 시도한 것으로 추정되는 한국 공무원을 북한군이 사살해서 한국인의 분노를 유발했지만, 9년 전에 한국군 영역인 임진강에 뛰어들어 월북을 시도한 남 아무개 씨라는 남한 주민을 우리 군이 사살했을 때는 여당도 야당도 그 어떤 이의를 제기하지 않았다. 사실 '월경자'를 사살해도 되는 '적'으로 간주한다는 점에서는 남북 양쪽 군부가 그다지 차이를 보이지 않는다. 군부의 이와 같은 통제에 양쪽 사회도 분단 70여 년 동안 익숙해져서 한쪽에서 삶의 무게를 더는 감당하지 못해 보다 나은 삶을 찾으려고 다른 쪽으로 가려는 사람을 재판도 없이 사실상 사형 집행해야 하는 '이유'를 더 이상 묻지 않는다. 남북한 양쪽의 헌법상 여전히 하나의 나라로 되어 있는 한반도의 판도 안에서 이동의 자유를 실현해보려는 것은 정말 '죽을죄'인가? 북한으로 보내는 것보다 저승으로 보내는 게 더 나은 것인가? 이것이 과연 자유민주주의 사회의 인명 존중의 태도인가?

'나라다운 나라'는 1차적으로 생명을 귀하게 여기는 사회, 그 누구의 죽음도 헛되이 하지 않는 사회다. 이 사회가 죽인 약자 한 명 한 명을 영원히 기억하고, 그 기억의 힘으로 이 사회를 지옥으로 만든 제도들을 바꾸어나가야 한다. 그 어느 희생자도 잊지 않고 모든 죽음에 평등한 의미를 부여하는 것이 변혁의 원동력이다.

'따라잡기'의 종말

세계 체제 (준)주변부 후발 국가들의 피할 수 없는 공동 운명인
지, 나는 소련에서 성장하면서 '미국을 따라잡아야 한다'는 말을
수도 없이 자주 듣곤 했다. 철강 생산 같은 전략산업의 생산량에
있어서 미국이라는 '최고 선진국'을 따라잡아야 한다는 것은 스
탈린 시대 이래 (실은 '공산주의 사회 건설'을 대체한) 국가의 주요
목표였다. 실제로 1978년에 이르러 거의 30년에 걸친 각고의 노
력 끝에 소련 핵탄두의 수는 미국 핵탄두의 수를 드디어 추월했
다. 단, 이 '추월'의 달성에 지나치게 올인한 나머지 경공업의 발달
에 거의 자원을 배분할 여유가 없었던 소련 체제는 그 뒤로 10여
년밖에 버티지 못했다. 중국에서도 1950년대 말부터 소련과 미
국을 제치고 '세계 1등'이 되는 것은, '사회주의' 간판을 내건 좌파
개발주의적 체제로서의 목표였다. 중국이 러시아를 경제적으로
앞지른 지 이미 16년이 지났고, 명목 국내총생산이 미국을 추월

할 것으로 예상되는 2028년이 이제 얼마 남지 않았다. 그런데 과연 대기오염으로 인해 매년 제명을 다하지 못하고 일찍 죽게 되는 약 100만 명의 중국인들에게 '세계 최강 국가가 된다'는 것은 어떠한 위로가 될 수 있을까?

러시아나 중국과 그리 다르지 않게 한국에서도 오랫동안 '문명국 따라잡기'는 불변의 사회 이데올로기였다. '따라잡기'의 성과를 가장 가시적으로 보여주는 것은 1인당 국민소득의 숫자였다. 1994년, 이 숫자가 1만 달러에 도달하자, 머지않아 외환위기라는 사상 최악의 경제 대란을 앞두고 있던 이 나라의 언론에서는 때 아닌 자축의 장이 대대적으로 펼쳐지기도 했었다. 2018년에는 한국의 1인당 국민소득이 3만 달러를 넘었다. 지금은 어떨까? 명목 액수가 아닌 구매력평가(PPP) 기준 1인당 국내총생산으로 이야기하자면, 국제통화기금(IMF)의 2020년 말 통계에 따르면 한국 (4만 4,292달러)은 이미 영국(4만 4,288달러)이나 예전의 식민 본국이었던 일본(4만 1,637달러)까지도 추월한 상태. 그렇게 보면 한국은 이미 소위 '선진국' 중 하나다. 경제 통계에서뿐만 아니다. 이번 코로나 사태에서 확인된 한국이나 대만, 싱가포르의 행정력이나 보건의료 체계는 구미권을 뛰어넘을 정도. 그러나 웬일인지, '선진국 문턱'과 같은 이야기로 떠들썩했던 1994년과 달리 나이브한 자축의 분위기는 이젠 좀 덜 느껴진다.

숫자 차원의 따라잡기와 앞서가기, 그리고 세계 최고의 기술이 '다'가 아니라는 것을, 지난 25년여 동안 뼈저리게 실감해왔기 때문이다. '헬(지옥)'이라고 흔히 표현되는 대한민국에서의 삶의 실상은 대개 신자유주의, 즉 제약을 받지 않는 자본 갑질 문제를 중심으로 이해되곤 한다. 이는 물론 틀린 이야기는 아니다. 그런데 과연 자본만이 갑질의 주체인가? 과거의 관존민비(官尊民卑, 관리는 높고 귀하며 백성은 낮고 천하다고 여기는 생각) 관행은 전반적으로 나아졌다지만, 여전히 검찰과 같은, 기소권을 독점하는 최강의 공무원 조직은 여태까지의 각종 관제 '간첩' 조작에 동참했다는 사실을 스스로 인정하고 반성의 목소리를 낸 적이 없다. 이 조직은 사법 시스템의 강자인 만큼 그 위치를 끝까지 고집하여 사법의 민주화를 애써 반대한다. 그런데 이 사회의 다른 강자들은 과연 어디까지 얼마나 다른가? 심지어 하나의 사회적 계층으로서 자본의 착취 대상이 되는 노동자들 사이에서도 강자가 약자를 보호막으로 이용하고 핍박하는 모습을 종종 볼 수 있다. 이 나라 비정규직 노동자들의 노조 가입률은 세계 어디에서도 전례가 없는 0.7%에 불과하다. 10년 전만 해도 거의 3%였는데, 지금은 이처럼 100명의 비정규직 중에 단 한 명만이 노조원이다. 여기에는 여러 가지 원인이 있지만, 그중 하나는 절반이 넘는 정규직 노조가 비정규직의 가입을 원천 불허하기 때문이기도 하다. 이렇게 비정규직이 정규직과 함께 노조 활동도 같이 못 하는 나라는 한국과 일본 이외에 어디에도 없다.

경제지표를 보면 이미 과거의 식민 모국인 일본뿐만 아니라 과거의 세계 패권 국가인 영국까지 추월한 선진국 대한민국에서, 왜 강자와 약자 사이의 거의 모든 사회적 관계에 무조건적 복종 요구와 심리적 폭력, 갑질이 따르는 것일까? 경제지표들은 고공 행진을 하고 있는데, 왜 다수가 '몸'으로 실감하는 삶은 '지옥' 같은 지경일까? 궁극적으로 문제는, 애당초 한국의 지배층에 의해 선택되어 여태까지 한 번도 본질적으로 수정된 적이 없는 따라잡기식 개발주의의 경로일 것이다. 사회적 정의, 약자의 인권을 위한 그 어떤 움직임도 쉽게 범죄시될 수 있는 초강경 반공 규율 사회의 분위기 속에서, '개발'은 거의 유일신의 자리를 점하기에 이르렀다. 수출량, 국내총생산, 1인당 국민소득과 같은 숫자들은, 개발의 신에 의해 한국 국민이 선택을 받아 개발의 '선민(選民)'이 되었음을 입증하는, 유사 종교적 상징쯤이 됐다. '개발교(敎)' 사제들이 군인 출신인 만큼, '개발교'의 예배당이 된 회사 역시 병영화되었고, 나아가서 사회 전체가 명령과 폭언이 난무하는 하나의 커다란 병영처럼 되어버리고 말았다. 1990년대에 군인 출신의 '개발교' 사제들은 민간인으로 교체되었지만, 이 사이비 종교의 교리는 본질적으로 바뀐 적이 없다. 여전히 '지표'로 나타나는 '결과'를 만들어내기 위해 인권 보호 같은 '절차'를 '생략'해도 된다는 식의 사고가 지배적이었다. 안 그래도 매일매일이 전쟁 같기만 하던 일터의 일상은, 신자유주의 도입으로 완전히 전쟁터가 됐다. 군인과 민간인이 따로 없는 이 전쟁터에 무슨 인권이 있겠는가?

하지만 '선진국'을 따라잡으려고 발버둥 쳤던 시기는 이제 끝났다. 한국이야말로 경제적 선진국이 되었으며, '선진권'은 전반적으로 성장이 둔화되는 시기에 접어들었기 때문이다. 이제 문제는, 입사 이후 직장인의 83%가 격무와 과로, 상사의 폭언 등으로 건강 이상을 호소하는 이 '헬' 같은 사회를, 사람이 살 만하고 아이를 낳아 기를 만한 곳으로 만드는 것이다. 위대한 역사사회학자 노르베르트 엘리아스(Norbert Elias, 1897~1990)가 이야기했던 '문명화 과정'의 중심에는 강약이 엇갈리는 사회관계의 광의의 비폭력화가 있었다. 한국 사회의 비폭력화가 이루어지자면 우리에게는 사회, 특히 직장의 탈군사화와 사회 전반의 평등화, 사회적 관계들의 대등화 등이 필요하다. 대학 평준화를 통한 학벌 카스트 제도의 타파가 필요하고, 노동자들의 경영 참여를 통한 기업의 민주화부터 필요하다. 1인당 국민소득이 설령 10만 달러가 되어도, 시민적 평등을 결여한 권력자·강자 본위의 폭력적 사회에서 그 구성원들은 행복할 리가 없다.

3장

혐오-나는 혐오한다, 고로 존재한다

K, 인간이 '벌레'가 된 나라

가끔 빈부 격차가 최근에 생긴 문제인 양 논해지기도 하지만, 사실 한국 사회가 사유재산 본위의 사회였던 만큼 격차는 애당초부터 존재했다. 한국전쟁 직후, 극소수의 부호나 고위직 관료와 절대 빈곤 상태에 허우적거리고 있었던 한국인 다수 사이의 빈부 격차 폭은 오늘보다 더 컸다. 1964년에 개봉된 김기덕 감독의 유명한 영화 〈맨발의 청춘〉을 기억하는가? 이 영화가 그린 것은 저잣거리 폭력배 서두수와 고위 외교관의 딸 요안나 사이의 꿈같고 동화 같은 사랑이다. 이 영화에서 두 사람은 신분과 문화 차이라는 벽을 넘어 극적으로 한 몸이 되지만, 끝내 현실 속에서 이룰 수 없는 사랑임을 깨닫고 동반 자살하고 만다. 그러니 반백 년 전 한국인의 집단의식 속에서 부호와 빈민 사이의 벽이란 저승으로 가야 뛰어넘을 수 있는 것이었다.

　내가 한국을 처음 찾은 1991년에도, 빈부 격차의 존재는 뚜렷했다. 값이 계속 오르기만 하는 내 집을 갖고 있는 중산층과 전세, 월세방 신세인 노동자가 각각 체험하는 현실은 천양지차였다. 1980년대 말은 민주화 투쟁의 시대이기도 했지만, 땅값 급등의 시대이기도 했던 것이다. 국제결제은행(BIS)의 통계에 따르면 1988년과 1991년 사이만 해도 한국의 실질 부동산 가격은 약 40%나 껑충 뛰었다. 특정 지역에 땅이나 집을 가진 사람은 1980년대 말부터 자율화된 외국 관광도 즐길 수 있는 상대적 부자가 됐지만, 가진 게 없는 무주택자들의 억울함은 커지기만 했다. 내가 그때 만난 서울 성북구 서민들 사이에서 '강남 복부인'이나 '압구정동 오렌지족'들은 이질감과 묘한 질투가 섞인 원망의 대상이었다.

그럼에도 불구하고 1990년대 초반의 한국은 오늘날과 여러 측면에서 결정적으로 달랐다. 빈부 격차는 뚜렷했지만 그 누구도 그 격차가 영구적이라고 생각하지는 않았다. 아직도 고속 성장 중이던 그 당시 한국에서는, '열심히만 하면' 적어도 중산층으로의 편입은 충분히 가능해 보였다. 실제로 그때만 해도 내가 다녔던 고려대에서 만난 상당수의 학생은 농어촌이나 중하층 출신들이었다. 그리고 그들은 가난을 부끄럽게 여길 생각도 없었다. 내가 고려대에 온 거의 첫날에 이 학교는 농민들이 소를 판 돈으로 자식 교육을 시킨 '우골탑(牛骨塔)'이라는 이야기를 들었다. 그러나 그 이야기는 자기 비하가 아닌 긍정과 자랑으로 들렸다. 게다가 당시만 해도 대놓고 돈을 인생의 목표나 최고 가치로 내세울 수 있는 분위기가 아니었다. '의식이 있는' 학생들이 아르바이트를 해서 번 돈으로 노동야학에서 노동자들을 가르쳤던 그런 시절이었다. 분명 격차 사회이긴 했지만, 그 격차를 상대화시킬 수 있는 요소들이 아직 존재했던 것이다.

1997년 이후의 신자유주의 도입은 이 요소들을 제거하고 말았다. 통계상의 성장은 한동안 지속되긴 했지만, 비정규직이 된 저임금 노동자들의 실질임금이 잘 오르지 않아 신분 상승의 기회를 거의 주지 않는, '질 나쁜 성장'이었다. 20년 전에 약 54%였던 주택의 자가 점유율은, 시간이 제법 흐른 오늘날에도 57% 정도에 불과하다. 즉, 무주택자 대부분에게 '내 집 마련'이 이미 비현실적 꿈이 됐단 이야기다. 늘 있어온 빈부 격차는, 이제 고정되고 말았다.

1990년대 초반만 해도 '극복'의 대상으로 여겨졌던 가난은, 경제·사회적 신분이 거의 세습되기에 이른 오늘날 사회에서 그저 하나의 태생적인 조건으로 인지되는 셈이다. 가난이 전통 사회의 양반이나 천민 신분처럼 태생적인 조건이 됨과 동시에 돈에 대한 욕망은 노골화됐다. 2000년대 초반에 모 카드회사 광고를 통해 유행어가 된 "부자 되세요!"와 같은 인사말은, 1990년대 초반에는 거의 상상하기 힘든 말이었다. 자기 돈을 들여 노동야학에서 학생들을 가르쳤던 이야기는 이제 그야말로 '먼 과거의 전설'이 되었고, 오늘날 많은 대학 '교수님'들은 특강 요청을 수락하기 전에 강의료 액수를 꼼꼼히 확인하고, '싼' 강의를 사양하기도 한다. 그리고 동료들에게 그런 이야기를 아무렇지도 않게 해도 되는, 돈 욕심이 더 이상 부끄럽지 않은 사회가 된 것이다.

부끄러워해야 하는 대상에서 제외된 것은 돈 욕심뿐만이 아니다. 돈 없는 사람에 대한 노골적 멸시도 이제는 더 이상 패륜이 아니고 그저 일상일 뿐이다. 한국에 갈 때마다 새롭게 등장한 신조어들을 듣게 되면 아연실색하여 어찌할 줄 모르게 되는 경우가 많다. '휴거(휴먼시아, 즉 한국토지주택공사가 지은 임대주택에서 사는 거지)' '빌거(빌라에서 사는 거지)' '임거(임대아파트에서 사는 거지)' '월거지(월셋집에서 사는 거지)' '전거지(전셋집에서 사는 거지)' '엘사(LH, 즉 한국토지주택공사가 지은 주택에서 사는 사람)' '이백충(한 달에 200만 원 이하의 소득으로 사는 벌레 같은 사람)' 등등. 이와 같은 끔찍한 차별주의적인 표현들이 초·중학생으로 보이는 아이들 입에 오르내리는 것을 최근에 몇 번이나 한국에서 체류하면서 직접 보고 들었다. 자가 주택이 없고 소득이 적은 사람을 '거지'나 심지어 '벌레'에 비유하면서 습관적으로 멸시하는 것을, 아이들이 이제 어린 시절부터 자신도 모르게 배우고 익히며 내면화하는 것이다.

신자유주의는 한국에서 더 이상 단순히 비정규직을 양산하고 부와 빈곤을 세습하게 만드는 제도만이 아니다. 신자유주의는 오늘날 한국인이 마시는 '공기'와도 같다. 조선 시대에 양반 도련님이 나이 많은 노비에게 반말하는 것이 당연하게 받아들여졌듯이, 오늘날 한국에서 동류와 경쟁을 벌이면서 윗사람만 보고 사는 것, 경쟁에서 패배했거나 패배할 것 같은 사람을 무시하는 것 등은 이미 거의 당연지사다.

최근 몇 년간 제작된 영화 중 세계적으로 가장 주목받았던 한국 영화인 〈기생충〉은 이 상황을 영화의 언어로 핍진하게 잘 그려냈다. 기택의 가족도 문광과 근세 부부도 다 어려운 처지에 있는 약자이자 서민이지만, 그들 사이에서 협력이나 연대의 흔적은 찾아보기가 어렵다. 불가능하기만 한 '신분 상승'을 목표로 두고, 그들은 수단과 방법을 가리지 않는 혈투 같은 경쟁을 벌이는 것이다.

그런데 그들 위에 군림하는 주인 가정의 가장이나 그의 어린 아들에게는 가난한 기택의 가족 전원이 다름 아닌 '몸 냄새'로 식별된다. 거의 태생적인, 아무리 씻어도 씻기지 않는 '빈곤의 냄새'는 새로운 '열등 인종'인 빈민의 징표가 된다. 한국의 신자유주의적 빈부 차별이 과거의 반상 차별을 넘어 이미 거의 인종주의적 차별만큼 철저해졌다는 이야기다.

돈을 덜 버는 사람이 인간도 아닌 벌레, '이백충'으로 불리고 돈이 전지전능한 신이 된 것이 오늘날 한국 사회다. 이 시점에서 한국의 진보주의자들은—서로 조금씩 정견을 달리한다 해도—만인의 평등과 존엄, 빈민을 불가촉천민으로 만든 사회·경제적 인종주의에 대한 반대를 위해 함께 뭉쳐 싸울 필요가 있다. 돈이 없으면 인간이 아닌 벌레로 취급받고, 돈이 많으면 '우월한 인종'으로 대접받고, 같은 약자끼리 연대 아닌 상호 경쟁으

로만 일관하는 사회에서 인간으로 살아가는 것은 불가능하기
때문이다.

K의 혐오정치: 반여성, 반중국, 반난민

대한민국은 지금 장기적 위기 상황이다.

여태까지 한국 자본주의의 모든 문제는 성장이 덮어주곤 했다. 실업급여는 길어봐야 270일밖에 나오지 않고 각종 복지제도는 다 형편없어도, 성장률이 높아 고용 창출 효과가 있기만 하면 참을 만한 세상으로 보였다. 그런데 성장은 2010년대 말에 멈추고 말았다. 앞으로 장기적으로 1~2% 이상의 성장률을 기대하기는 어려울 것이다.

여기에 코로나 유행까지 겹쳐 영세업자들의 도산이 계속 이어지고 청년 실업이 사회적 참사의 규모로 커져가는 상황에서는 복지국가 건설부터가 절박한데, 우리들의 재벌 공화국에서는 정권을 누가 장악한들 복지국가 건설에 필수적인 부유층과 대기업에 대한 증세가 힘들다. 성장은 이미 끝났고 복지국가는 아직 시작도 안 된 상황은 다수에게 끔찍한 고통으로 다가온다. 이는 '헬

조선'과 같은 유행어들로 표현되는 대한민국의 만성적 위기의 요체다.

위기가 오면 좌우 양방향으로 특히 젊은 층의 급진화가 이루어진다. 최근 몇 년간의 프랑스를 보라. 유류세 인상 계획과 커져가는 빈부 격차 등을 반대하며 일어난 좌파적 경향의 '노란 조끼' 시위자들이 부자들이 단골인 초호화 식당에 의도적으로 방화하는 등 좌파적 급진화가 가시적인 한편, 유권자들의 약 4분의 1은 극우 정당인 '국민전선'을 지지한다.

정도의 차이는 있지만, 한국도 점차 비슷한 궤도를 밟는 것 같기도 하다. 지난 19대 대통령 선거에서는 사민주의 후보인 심상정에게 20대 유권자들이 여러 세대 중에서는 가장 높은 12.7%의 투표율을 보였다. 프랑스에서야 심상정 후보의 노선은 좌파도 아닌 '중도'로 평가를 받겠지만, 사민주의 정치마저도 억압받고 배제되어온 한국으로서는 상당히 파격적인 결과다. 중·고등학생들도 최근의 촛불항쟁까지 계속해서 거리에서 저항의 주체로 그 존재를 과시해왔다. 즉, 상당히 보수적인 사회인 한국에서도 적어도 일부분은 왼쪽으로 급진화되는 현상을 보이고 있는 것이 사실이다.

그런데 걱정스럽게도 한국에서는 왼쪽으로의 급진화보다 오히려 오른쪽으로의 급진화가 더 가시적이다. 일본이나 서구와 크게 다르지 않게 한국 인터넷상에서도 특히 젊은 남성들을 중심으로 한 혐오 정치가 만연해 있다. 남성들에게 안정된 일자리를 허용하지 않는 신자유주의는 남성들에게서 '가정 부양의 책임자'라는 그들의 전통적인 젠더 역할을 박탈하여 그들을 상징적으로 거세한다.

물론 여성에 대한 불안 노동 강요는 훨씬 더 심각해 남녀 할 것 없이 같이 연대해서 신자유주의와 싸워야 할 판이다. 그런데 '돈을 벌어주는 사람'으로서의 기존의 특권을 상당 부분 상실해 연애나 결혼 시장에서의 '매력 포인트'를 상실한 많은 남성들은 연대의 길보다는 상대적으로 더 쉬운 '약자 탓하기', 즉 억압 이양의 길을 택했다. 그들이 주도하여 한국 인터넷을 혐오의 도가니로 만든 것이다.

젊은 층의 새로운 넷우익이 특별히 혐오하는 것은 페미니즘이다. 한국 사회에서 페미니즘의 위상이 높아서가 아니다. 사실 한국에서 페미니즘의 입지는 비교적 약하다. 한국 여성들 중에서는 약 절반, 남성들 중에서는 약 10분의 1만이 자신을 페미니스트로 규정한다.

반면에 노르웨이의 경우 대다수의 남녀(전체의 75~80% 정도)가 페미니즘을 지지한다. 노르웨이에서 페미니즘에 대한 지지 거부는 소수의 몫이지만, 한국에서는 반대로 페미니스트가 소수자다. 여성이 남성 평균임금의 64%만 받는 대한민국과 달리 노르웨이 여성들이 남성 평균임금의 약 87%를 받아 훨씬 덜 차별받고 있음에도 말이다.

그런데 일부 남성들에게는 최근에 소수자들이 가두시위 등을 벌이며 가시화되는 것이야말로 불안 유발 요인으로 작용한다. 도널드 트럼프 대통령을 지지하는 백인 남성들이 부인이 집안에서 가사와 육아만 맡고 밖에서 일을 하지 않아도 남편이 가정 부양을 충분히 할 수 있었던 1950년대의 '황금기'로 돌아가고 싶어 했듯이, 일부 한국 남자들도 심리적으로 남성은 '가장'으로, 그리고 그 배우자는 소리 없는 부양 대상자로 각각 성 역할이 나뉘곤 했던 과거로 돌아가고 싶어 하는 것 같다. 그러나 미국의 전후 황금기도 한국의 개발 시대도 다시 돌아올 일은 없을 것이고, 끝이 보이지 않는 불안의 시대에 남성에게 요구되는 것은 '가장'으로서의 자만이 아니라 주위의 약자들과 연대할 줄 아는 공감 능력이다.

한국 사회 안에서 넷우익의 언어폭력에 의한 1차적인 피해자가 여성이라면, 밖에서는 무엇보다도 중국과 중국인들이 혐오 정치의 대상이 된다. 이슬람 혐오나 반북 혐오도 만만치 않지만, 가면 갈수록 과거의 반북 콤플렉스가 반중국 콤플렉스로 대체되어가는 느낌이다. 남북이 비교적 평화롭게 공존하고 있는 마당에 더는 '북한 위협' 따위를 들먹여봐야 다수에게 그다지 실감이 없기 때문일 것이다.

그런데 중국은 다르다. 중국은 현재로서 미국 다음으로 한국에 영향력을 행사할 수 있는 대국임에 틀림없다. '중국 패권주의'란 분명히 실체가 있는 사실이다. 그런데 미국의 중국에 대한 압력이 거세지면 거세질수록 오히려 중국의 반박이 강화될 수밖에 없는 것이고, 미-중 갈등이 첨예화되는 과정에서 손해를 보는 것은 바로 한국인들이다.

그런 의미에서 사드 배치 동의는 한국 정부의 오류가 아닐 수 없었다. 미-중 갈등에서 미국 편에 전적으로 가담하는 인상을 주면 중국의 거센 반발을 예상해야 한다. 중국 패권주의 문제 해결의 열쇠는, 미국 패권주의 편에 서주는 것에 있기보다는 한국과 북한의 지속적인 관계 개선과 한반도 내 두 국가의 자주성 강화에 달려 있다.

남북한이 통일을 향해 갈수록 중국 패권주의의 영향을 덜 받을 수 있다. 또한 중국 패권주의에 대한 비판이야 당연히 필요하지만, 중국을 계속 자극하는 미국 패권주의에 대한 비판이 그 전제가 되어야 하지 않을까? 그리고 이때 패권주의 비판은 결코 중국인 개별에 대한 악마화로 이어져서는 안 된다. 중국인 개별에 대한 악마화는 결국 국내에 사는 87만 명의 중국 국적 조선족 등 여러 소수집단이 겪는 차별의 심화로 작용할 뿐이다.

국내의 넷우익 정치는 이미 한국 사회에서 상당한 영향력을 확보했다. 몇 년 전 제주에 온 500명도 안 되는 예멘 난민을 둘러싼 혐오 세력들의 광풍을 한번 돌이켜보라. 한국보다 인구가 다섯 배나 적은 스웨덴에 2015년 약 16만 명의 난민 지위 신청자들이 쇄도했을 때도, 한국에서 벌어진 예멘 난민을 둘러싼 광풍 같은 현상은 그 당시 스웨덴에서 결코 일어나지 않았다.

난민과 중국, 여성과 페미니즘에 대한 혐오를 키워드로 해서 온·오프라인 혐오 세력들이 똘똘 뭉치기 시작했다. 이와 같은 오른쪽으로의 급진화를 예방하자면, 방법은 하나밖에 없다. 바로 연대를 통한 위기 대응이다. 남자와 여자, 국내인과 거주 외국인들이 함께 손을 잡고 신자유주의의 야만에 함께 대응해야 오늘의 '헬조선'보다 더 바람직한 사회에서 우리가 살 수 있게 될 것이다.

대공황과 '외국인 혐오' 바이러스

자본주의 경제는, 비유하자면 자전거와 같은 논리로 움직인다. 자전거가 계속 움직여야 쓰러지지 않듯이 자본주의는 유통과 이윤, 그리고 성장으로 버틴다. 소비가 되어야 물건이 팔리고 물건이 나가야 노동자의 임금과 임대료가 지급된다. 임금은 다시 소비로 돌아오고 축적된 임대료는 투자로 돌아온다. 이렇게 이윤의 축적으로 성장을 달성하는 방식으로 자본주의라는 이름의 자전거는 전진한다. 그런데 만약에 생산과 소비, 이윤과 투자의 순환이 멈춘다면 어떻게 될까? 그러면 즉시 위기의 악순환이 시작된다. 소비가 줄면 생산이 덩달아 줄어든다. 그러면 노동자들이 해고되고 그에 따라 소비가 더 위축된다. 임대료 소득의 붕괴와 함께 부동산이 폭락하고, 투자가 더 위축되어 일자리 창출은 불가능해진다. 이렇게 공황이 오는 것이다.

코로나 위기만이 자본주의라는 자전거를 흔드는 것은 아니다. 자전거는 이미 오래전부터 고장 나 있었다. 미국의 경우 제조업 노동자들의 (인플레이션을 고려한) 실질임금은 1970년대 초부터 사실상 동결되어 있었다. 노동자들은 지속적으로 가격이 오르는 부동산의 구매를 포함한 소비의 상당 부분을 '빚'으로 해결해야 했고, '빚'을 기반으로 하는 경제의 기본 체질은 계속 허약해졌다. 미국뿐만 아니라 한국을 포함한 대부분의 산업사회는 과잉생산에 따른 이윤율 저하와 전면화된 고용 불안으로 인한 소비 위축과 가계 빚 증가로 진통을 겪고 있었다. 마르크스가 예언한 대로 노동자들의 벌이에서 잉여가치를 빼내 이윤을 축적·재투자하는 메커니즘 그 자체는 자기 파괴, 즉 공황의 씨앗을 안고 있다. 소비 능력이 떨어지는 노동자들이 자신이 만든 물건을 더 이상 사지 못하게 되면 그들로부터 자본가들이 떼어 간 잉여가치는 생산이 아닌 투기로 흘러가고 투기의 끝은 바로 주식시장의 폭락과 전체적 공황의 도래다.

팬데믹이 없어도 1929년에 장기적 과잉생산과 소비 위축, 그리고 제조업 이윤율 저하와 투자의 투기화로 인해 미국 증시는 폭락했고 대공황이 발발했다. 이번에는 코로나 위기라는 예상외의 변수가 자본주의라는 자전거에 추가적 타격을 가했지만, 이 자전거는 이미 타이어에 구멍이 난 상태였다. 팬데믹 초기인 2020년 2~4월에 세계 증시가 동시에 폭락하게 된 기본적인 이유는, 노동자들의 실질임금과 구매력이 감소하고 제조업 이윤율이 떨어지는 상태에서 그만큼 엄청난 자본이 주식 투기에 집중되어 있었기 때문이다. 코로나 때문이 아니더라도 2020년에 어차피 불황이 오리라는 예측은 지배적이었다. 그러나 이제는 코로나까지 가세해 아무리 유동성을 계속 시장에 부어도 코로나 이후의 회복 국면 뒤에는 경제 침체가 이어질 셈이고, 그 뒤에는 다시 위기 국면이 올 수 있다. 자본주의의 자전거는 이제 본격적으로 고장이 난 것이다.

자본주의라는 이름의 자전거가 약 10년에 한 번씩 불황으로 삐걱대고, 약 60년 내지 80~90년에 한 번씩 공황으로 쓰러지게 되는 것은 그 누구의 탓도 아니다. 그것은 자본의 주인들이 이득을 보고 있는 이 체제의 결함 때문이다. 그러나 자전거가 넘어질 때마다 노동과 소비의 기회를 잃은 사람들의 불만을 체제에 무해한 쪽으로 돌리려는 통치자들은 희생양이 될 집단을 즉시 찾아낸다. 가장 손쉬운 희생양은 바로 외관이나 언어상으로 식별이 가능한 가시적 타자들이다. 대공황 이후인 1930년대에 유럽의 유대인과 집시들이 어떤 운명을 맞이했는지를 우리는 모두 기억한다. 한데 배외주의 광풍은 당시의 유럽뿐만 아니라 전 세계를 강타했다. 조선도 예외는 아니었다.

'완바오산 사건', 혹은 '만보산(萬寶山) 사건'으로 알려져 있는, 1931년 7월 2~3일 조선 곳곳에서 발생한 중국인 학살을 기억하는가? 당시 일제의 현지 부역자들이 제공한 '중국인에 의한 만주 조선인 살상' 관련 허위 정보를 그대로 받아쓴 〈조선일보〉의 오보가 도화선이 되어 대공황으로 도탄에 빠진 조선인 하층 노무자와 무직자들이 경쟁자로 여겨온 중국인들을 죽이고 약탈하기 시작했다. 실은 조선에 살았던 중국인들도 조선인 못지않게 공황으로 피해를 보았다. 결국 피해자 중 어느 한 집단이 다른 집단을 향해 폭력을 행사한 것이다. 이를 웃으면서 지켜본 것은 그때까지 조선인과 중국인 사이의 이간질에 공을 들여온 일제와, 중국 상인들을 경쟁 세력으로 인식한 조선인 자본가들이었다.

오늘날 타자를 향한 화풀이와 차별, 배제는 전 세계로 퍼져 있다. 앞에서 언급한 것처럼 중국인들은 구미권에서 물리적 공격과 언어폭력에 시달리지만, 중국 안에서는 또 흑인들이 '보균자'로 잘못 지목되어 길거리로 내쫓긴다. 1931년의 '완바오산 사건'과 마찬가지로 자연 발생적인 혐오가 전혀 아니다. 쓰러지는 자전거를 바로 세우는 데에 실패한 트럼프 같은 정객들은 필사적으로 가시적 타자들에게 탓을 돌려 '유색인종'에 대한 배제를 기반으로 하는 백인 집단의 인종주의적 결속에 호소했다. 트럼프를 비롯한 구미권 여러 전·현직 지도자들이 주장하는 '중국 책임론'은, 현재 구미권의 상황에서 중국인을 비롯한 모든 아시아인에 대한 공격을 은근히 합리화하고 부추기는 것이나 마찬가지다. 인종주의자들에게는 모든 아시아인이 다 똑같이 보여서 중국인뿐만 아니라 한국인도 흔히 폭력과 폭언의 표적이 된다.

한국에서의 현 상황은 구미권과 사뭇 다르다. 코로나 대응이 빠르고 적합했던 만큼 통치자가 굳이 외국에 책임을 전가할 필요도 없다. 또 무역 의존율이 80% 이상 되는 경제인 만큼 배외주의 선동을 쉽게 할 수 있는 사회도 아니다. 그렇지만 '코로나 대응 모범국'이라고 해서 문제가 전혀 없는 건 아니다. 애초부터 한국에서도 조선족 동포를 포함한 중국 공민들에 대한 차별적 시선은 상당히 강하게 존재했다. 중국, 러시아 등 속칭 '못사는 나라', 거기에다가 안보·군사상 한국의 후견국 격인 미국이 잠재적 적국으로 간주하는 나라에서 온 동포들에 대한 곱지 않은 시선을 부추기는 것은 잘못된 정치적·행정적 판단들이다. 예를 들어 재작년에 경기도 등 일부 지방자치단체에서 외국인 가운데 결혼 이민자와 영주권자까지는 재난기본소득 지급 대상에 포함시켜도, 중국 동포와 러시아 귀국 동포들은 사실상 제외시키려 했다. 정치인들이 국난을 겪는 시점에서 '국민의 단결'을 호소하지만, '국민'이 아닌 이들에게 돌아오는 것은 배제당하는 억울함뿐이다. 여기서 기억해야 하는 것은, 중국·러시아 동포들도 주민세와 소득세, 지방세 그리고 부가가치세 등을 모두 내고 있다는 사실이다. 세금을 다 내고도 한 푼의 혜택도 받지 못하는 차별 피해 집단이 존재하는 사회는 과연 정의가 살아 있는 사회일까?

타자에 대한 배제는 고장 난 체제를 뜯어고치는 일에 도움이 되기는커녕 해악만 끼친다. 어차피 계속 고장 날 수밖에 없는 이 체제보다 진일보한 세상을 만들고 코로나 위기에서도 벗어나기 위해 우리에게 가장 절실히 필요한 것은 타자들에 대한 포용과 협력이다.

'동포'들을 차별하는 나라

20여 년 전에 나는 국내의 한 사립대학에서 러시아어 강사로 일했다. 러시아어과에서 나는 유일한 외국인이었지만, 같은 대학의 영문과에는 원어민 교수가 10여 명 있었다. 그들 중에 흑인은 한 명도 없었고, 내가 알고 있는 한 그 당시 다른 대학에도 흑인 출신의 원어민 교수는 거의 없었다. 미국 사회의 인종차별 패턴을, 한국 대학가도 그대로 배운 게 아니었나 싶다. 원어민 교수의 대다수는 중산층 백인이었으며 몇 명은 재미 동포 2세 출신이었다. 미국에서 태어나고 자란 그들의 영어는, 백인 원어민 교수와 하등의 차이를 보이지 않았다. 한데 그들과 이야기하다 보니 그들에게 '부모의 고향'인 한국에서 취직하는 것이 얼마나 힘들었는지 쉽게 알 수 있었다. 대학이나 학원에서 재미 동포들은 백인 원어민에 비해 '열등한' 존재로 취급되곤 했다. 그들과 이야기를 나누면서, 한국에서 가장 차별을 받는 외국인들 범주에 재외 동포들이 속한다는 사실을 처음으로 알게 되었을 때 나는 큰 충격을 받았다. 그때만 해도 '민족' 같은 용어들이 널리 쓰이고 있었지만, 정작 해외 한민족들이야말로 국내에서 찬밥 신세가 되기 쉬웠던 것이다.

근대에 접어들어 한반도는 '이산(離散)'의 땅이 됐다. 식민지 시대의 억압, 그리고 그 뒤의 극심한 가난은 동아시아에서 본국 총인구에 비해 가장 많은 디아스포라를 낳았다. 해외 한인들은 한반도 총인구의 약 10%에 달하는데, 이는 중국 총인구에 대한 해외 화교의 비율이나 일본 총인구에 대한 해외 일인(닛케이진)의 비율(각각 약 3%) 내지 해외에 거주하는 베트남인의 비율(약 4.4%)보다 훨씬 높다. 동아시아에서는 한인들이야말로 전형적인 '이산의 민족'이 됐다. 그런데 '이산된 한인'에 대한 한반도 내 두 국가의 태도는 늘 호의적이지만은 않았다. 그들은 경제적으로는 절실히 필요한 '자원'이었지만, 또 한편으로는 남북한의 총동원식 병영 질서에 들어맞지 않는 '이질 분자'들이었다. 그래서 한반도 내 두 국가와의 관계에서 그들이 입은 피해도 만만찮았다.

한국전쟁 이후에 노동력과 외화가 절실히 필요했던 북한은 1959년부터 재일 조선인들을 받아들이기 시작했다. 1980년대 중반까지 9만 3,300명 넘는 재일 동포가 북한으로 갔다. 한편으로 그들에게 북송(北送)은 일본 사회 안에서의 극심한 차별을 벗어나는 길이었다. 그러나 이질적 사회에서 살다가 온 그들을 제대로 수용할 정도로 북한 사회의 관용 지수는 높지 않았다. 적응에 실패한 사례가 잇따랐으나 불평, 불만을 노골적으로 토로하는 사람들에게는 탄압이 가해졌다. 같은 시기의 남한에서도 재일 동포들이 겪은 수난은 결코 적지 않았다. 근본적 이유는 똑같았다. 훨씬 더 자유로운 이질적 세계에서 살다 온 사람들을, 하나의 커다란 병영 같은 남한 사회가 제대로 포용할 리 없었다. 동포 기업인 롯데그룹 같은 회사들이 1960~1970년대에 한국에 진출했을 때는 박정희 정권의 전폭적 지원을 받을 수 있었지만, 수많은 재일 동포들의 '모국 귀환'은 비극으로 끝나고 말았다. 1970~1980년대에 모국 유학생 등 한국 체류 재일 동포들이 연루된 각종 '간첩 사건'은 319건이나 발생했는데, 대부분의 경우는 고문에 의한 자백 강요 같은 조작된 사건이었다. '모국'에 귀환해서 이렇게 죄도 없이 고문실로 끌려갔던 재일 동포들이 감당했을 고통은 형언하기 어려울 정도다.

냉전이 끝난 뒤에는 '조총련(친북 성향의 재일본인 단체로 분류되는 '재일본조선인총연합회'의 준말)계와 연계될 수도 있다'는 재일 동포들을 노리는 의심의 눈초리가 어느 정도 누그러졌다. 이번 문재인 정권 집권기에는 한국 국적자가 아닌 조선적(1945년 해방 이후 일본에 거주하던 재일 동포 가운데 대한민국이나 조선민주주의인민공화국 국적을 보유하지 않았지만 일본에 귀화하지도 않은 이들에게 부여된 임시 신분)을 가진 재일 동포들의 모국 방문도 가능해지는 등 여러 가지 진척이 있었다. 그러나 '돈'이 모든 가치의 기준이 되는 신자유주의 시대, 그리고 미-중이 첨예하게 대립하는 가운데 국내 여론이 미국으로 경도되는 지정학적 갈등의 시대에 또 다른 '국민적 타자'가 된 사람들이 있다. 바로 저임금 지역인 연변에서 온 중국 국적 동포들이다. 대한민국에서 지금 가장 심한 차별을 일상적으로 겪는 소수자 집단으로서 장애인과 성소수자, 새터민(탈북 주민) 등과 함께 흔히 '조선족'으로 불리는 중국 동포들이 부상한 것이다.

1970~1980년대의 재일 동포를 둘러싼 시선의 경우와 마찬가지로, 중국 동포를 응시하는 한국 국가와 상당수 주민들의 시선은 이중적이며 자기모순적이다. 1970~1980년대의 한국 경제에 재일 동포들의 '재력'이 필요했듯이, 오늘날 한국 경제에 중국 동포들의 '노동력'은 필수적이다. 귀화자 등까지 포함하면 현재 한국에서 체류하는 중국 동포는 약 87만 명, 즉 중국 내 조선족 커뮤니티 전체 인구의 3분의 1 이상이다. 이 정도로 많은 중국 동포들이 한국에 와 있는 이유는 간단하다. 그만큼 한국인들이 회피하려는 직종에서 그들의 노동력이 절실히 요구되기 때문이다. 그러나 한편으로는, 반공 광기의 시대에 모국에 와 있던 재일 동포들이 매우 쉽게 '조총련계 연루자'로 몰렸듯이, 오늘날 많은 한국인들은 조선족을 '동맹국 미국'의 적으로 인식되는 중국이라는 '국가'의 연장이자 일부분으로 보려 한다. 결국 신냉전의 두 축 사이에 '낀' 중간적 존재가 된 조선족은 극도로 곤란한 처지에 놓이게 됐다. 중국 안에서도 비교적 가난한 지방인 동북 3성 출신인 그들은 한국을 경제적 생존의 차원에서 필요로 하지만, 동시에 다민족 국가 중국의 소수자로서 당연히 '인민' 공동체의 일원으

로서 인정받기 위해 중국에 대한 귀속 의식을 드러내야 하는 입장이다. '민족'과 '국가'가 동일시되는 나라에서 자라난 한국인들로서는 제국형 국가에서 하나의 소수민족이 정치·문화적으로 생존하기 위해서 벌여야 할 고투란 어떤 것인지 이해하기가 어려울 수도 있겠지만, 이해하려는 노력조차 보이지 않아 문제다.

이해하려는 노력 대신에 오히려 노골적 차별이 판친다. 이 차별은 문화적 측면과 계급적 측면을 겸비한다. 획일주의 성향이 강한 병영형 국가인 한국에서 한국적 '표준'과 다른 조선족의 언어나 일상적 행동거지 등은 이질적으로 여겨진다. 특히 한국 안에서도 주로 저임금 하층 노동계급을 연상시키는 이들의 흡연이나 고성방가 등은 멸시적 응시의 대상이 된다. 결국 '국가'와 '개인' 내지 '소수자 집단' 사이의 구별 부족, '차이'를 받아들이려는 자세의 부재, 그리고 계급적 차별의 패턴 등 한국 사회의 고질적 문제들이 국내에 와 있는 해외 한인들에 대한 혐오 정서를 낳는 것이다. 하지만 이 문제들은 애초에 한국인들부터 불행하게 만들어왔던 사회적 병폐였다는 점을 잊어서는 안 될 것이다.

4장

노동-일이라는 식민지

'삶'이 식민화되는 곳

노르웨이는 한국적 시각으로는 이해하기 어려운 사회다. 가장 이해하기 어려운 부분 가운데 하나는, 노르웨이 학교들의 교사 부족 현상이다. 한국의 지난해 공립 중등교사 임용시험 경쟁률은 국어나 영어 같은 과목의 경우, 무려 25:1에 육박했다. 노르웨이는 이와 반대로 학교들이 교사를 놓고 경쟁을 벌여야 하는 상황이다. 지금도 정원에 비해 약 1,000명의 교사가 부족하고, 20년 뒤에 약 5,500명의 초·중학교 교사가 모자랄 것으로 예상된다.

노르웨이 정부는 교사가 될 예정인 교육학부 학생들의 학자금 대출을 탕감해주고 사범교육 인식 제고를 위한 다양한 정책을 내놓고 있다. 하지만 교사가 되려는 사람은 좀처럼 늘어나지 않는다. 노르웨이 신문의 '교사 채용 위기'와 같은 헤드라인은 임용고시생 사이에 벌어지는 과도한 경쟁을 가리키는 것이 아니라, 지원자가 없어서 수학이나 영어를 가르칠 사람을 뽑지 못하는 학교

쪽의 애로 상황을 설명하는 것이다.

　노르웨이 젊은이들이 교사라는 직종을 애서 기피하는 이유
는 자명하다. 대부분의 학교가 공립인 만큼 교사는 지방자치단
체의 공무원 신분인지라 임금 수준이 그다지 높지 않다. 노르웨
이에서 고등학교 교사들의 한 달 평균 벌이는 한국으로 따지면
700만 원 정도 되지만, 노르웨이의 천문학적으로 높은 물가를 감
안하면 이는 기껏해야 주택 구입 비용 내지 임대료를 포함해서
기본 생활만 보장해주는 월급 정도로 그 이상은 절대 아니다.

　이렇게 임금은 '별로'인데 신경은 신경대로 쓰이는 것이 교사
라는 직업이다. 학생들의 건강과 안전에 대해 학교 쪽이 막중한
책임을 지기 때문이다. 안정된 직업임에 분명하지만, 굳이 그런 직
업이 아니더라도 실업자가 된 사람에게는 복지사무소가 다음 직
장을 구해주거나 실업수당을 지급하는 곳이 노르웨이다. 그러니
아이들을 진심으로 좋아하는 사람이 아닌 이상 굳이 학교에 취
직하려 하지 않는 것이 현재 노르웨이의 실정이라고 할 수 있다.
가면 갈수록 '임금 액수'가 직업 선택의 기준으로 더 중요해지는
사회에서, (이런 상황임에도 불구하고) 교사가 되겠다는 사람이 더
드물어져서 문제다.

　임금 액수가 중요한 것은 한국도 마찬가지다. 한국의 경우, 개
개인이 직장에서 받는 임금 이외의 사회 임금, 즉, 복지제도를 통
해 지원받는 돈이 노르웨이보다 훨씬 적기 때문에(그만큼 사회적
으로 실업자에 대한 안전보장망이 취약하기 때문에) 오히려 임금

액수가 더 중요할 수도 있다. 한국은 공무원이나 교사 같은 준공무원의 임금이 높은 편도 아니다.

그런데도 교사를 비롯한 각종 공무원 취직이 만인의 꿈이 된 이유는 무엇일까? 여러 가지 이유가 있지만, 무엇보다 가장 큰 이유는 교사나 공무원직을 제외한 거의 모든 직장에서 노동시간에 대한 규제가 잘 이루어지지 않고 잔업 같은 초과 근무가 일상이기 때문이다. 노르웨이에서는 부서 책임자들을 빼고는 직장인 대부분이 '칼퇴근'을 한다. 하지만 한국에서 보통 '칼퇴근'을 해도 되는 교사는 많은 이에게 부러움의 대상이 된다. 교사라고 해서 절대로 (일이) 편한 직업은 아니지만, 다른 직업들이 사용자 측의 장시간 노동 강요로 인해 개개인의 심신에 훨씬 더 많은 해를 끼칠 수 있는 데 반해 교사라는 직업은 그렇지 않기 때문에 선망의 대상이 되는 것이다.

보통 근대인은 자신의 개인적 '삶'을 살기 위해 '일'을 한다. 물론 작가나 연구자, 정치인 같은 일부 직종의 경우에는 '일'과 '삶(일상)'이 또렷하게 구분되지 않는다. 하지만 생활인 다수가 '일'을 위해서 자신을 헌신적으로 불사를 필요는 없다. 그러나 한국에서 '일'은 '삶'의 전부를 식민화하여 개인에게 가정이나 자신을 위해서 살 시간을 거의 남기지 않는다.

사실 교사라고 해서 '일'로 인해 개인이 누려야 할 시간을 빼앗기지 않는 것도 아니다. 11년 전에 경상남도의 한 지역신문에서 그쪽 지방 교사들의 근무 실태를 다룬 기사를 읽은 적이 있는

데, 지금도 그때 느낀 놀라움을 생생히 기억한다. 도교육청 조사에 따르면 해당 지역 교사의 하루 평균 근무 시간은 11시간 정도였고, 11%는 주당 26시간 이상의 수업을 해야 했다. 노르웨이라면 아마도 부당노동행위 관련 소송으로 이어졌을 법한 일이지만, 한국에서 이런 보도를 보고 나처럼 놀라워하는 사람은 별로 없다. 다른 직종의 상황은 훨씬 더 열악하기 때문이다.

사회학적 용어를 쓰면 교사와 같은 공무원 신분의 고학력 정규직 피고용자들은 '핵심부 노동자'에 속한다. 한국에서는 '핵심부 노동자'도 종종 과로사를 당하곤 하지만, 대부분 '주변부 노동자', 즉 저임금 일자리에 취직해 고용 불안을 늘 느껴야 하는 저학력 비정규직 노동자들이 훨씬 더 많이 과로사의 위험에 노출되어 있다. 교사들도 고생이지만, 그들과 함께 일하는 주변부 노동자들은 단순한 고생이 아니라 죽음의 위험을 일상적으로 실감할 정도다.

7년 전 광주에서 한 학교의 야간 당직 기사가 과로사한 사건이 일어났다. 다들 쉬는 광복절 이튿날에 숨을 거둔 것이다. 알고 보니 그는 내리 73시간(!)을 일하다가 결국 더는 버티지 못하고 유명을 달리했다. 인명 사고가 난 만큼 일부 언론이 잠시나마 전국적으로 약 8,000명에 이르는 각급 학교의 야간 당직 기사의 상황에 관심을 보였다. 그들은 평일에는 16시간씩 일하고 휴일에도 계속 당직 근무를 한다. 1년으로 치면 6,000시간 정도 일하는 셈인데, 이는 1960년대 말 평화시장에서 미싱을 돌리던 여공의 평균 노동시간보다 더 많은 것이다. 그러나 월급은 100만 원 정도로, 기본적인 생활도 어려운 수준이다. 평균 나이가 70세인 야간당직 기사들은 다른 직장을 구할 수 없어 어쩔 수 없이 이렇게 버틴다.

그러나 이 이야기도 잠깐 화제가 되었다가 시간이 흘러 사고가 잊히고 나서는 언론에서 자취를 감추었다. 인명 사고가 나지 않는 이상 누군가의 이윤 창출, 누군가의 편의와 안락을 위해서 계속 희생되어야 하는 주변부 노동자들의 삶에 대해서 이 사회의 주류는 도무지 생각하려 하지 않는다. 그러나 주류가 아무리 외면해도 반세기 전에 벌어지던 평화시장 수준의 노동 참사가 이 나라의 일상이다. 단, 이제 노동자를 과로사의 위험에 빠뜨리는 초장시간 근로가 이루어지는 업종은 더 이상 방직업과 같은 업종이 아니다. 반세기 전, 방직업은 수출 주력 업종이었기에 방직공장 여공들은 밤샘 노동을 밥 먹듯이 강요당했다. 이제는 해외에서 척척 잘 팔리는 한국 드라마나 컴퓨터게임 등이, 일정이 급할 때는 철야 근무를 밥 먹듯 하는 촬영팀이나 개발자들에 의해서 만들어지고 있는 형편이다. 한국의 수출 경쟁력을 보장하고, 한국을 지금과 같은 부강한 나라로 만든 노동자들은, 과연 언제까지 과로사 위험의 그림자 속에서 살아야 할까?

초장시간 노동의 악몽으로부터 해방되는 것은 많은 사람이 외쳐온 검찰개혁만큼이나 나라다운 나라를 만들기 위해서 결정적으로 중요한 일이다. 이런 맥락에서 나는 최근 정부가 언급한

'주 52시간 초과근로 금지 제도의 확대 시행 유예 방안'이 이 정권의 '개혁' 명분을 무색하게 만들 것이라고 생각한다. 주변부 노동자들이 일상적으로 과로사 위험을 실감하면서 일해야 하는 판에 '개혁' 운운하는 것이 무슨 의미가 있겠는가?

'일'의 식민지가 된 개개인 '삶'의 해방이야말로 진정한 개혁의 핵심이다.

프레카리아트 혁명의 시대?

한국에서 기억하는 사람은 거의 없었지만, 지금으로부터 4년 전인 2018년은 바로 1848년 혁명 170주년이 되는 해였다. 그런데 보통의 한국인들이 의식하든 안 하든, 1848년에 유럽 각국에서 일어났던 일련의 혁명들은 사실 한국사와도 깊이 연관되어 있다. 무엇보다 20세기 한국사의 핵심어가 된 '민족주의'는, 초기의 산업 노동자와 급진적 지식인 등을 중심으로 한 정치 세력이 다민족 제국들의 절대왕권에 대항한 1848년 혁명들 속에서 태어난 것이었다. 차후 조선을 침략하는 일제의 근대화 모델은 바로 프로이센왕국을 중심으로 해서 '독일 민족 통일'을 이룩한 독일제국이었는데, '독일 민족 통일'의 표어는 1848년 혁명 속에서 처음으로 제시됐다.

1848년에 태어난 것은 민족주의만이 아니었다. 근대적 혁명의 또 하나의 주체가 될 무산계급 역시 1848년에 역사의 무대에 오르게 됐다. 영국에서 노동자들을 위시한 '모든 인민'들의 투표권을 요구한 '인민헌장'은 200만 명 이상의 서명을 받았는가 하면, 1848년 6월 파리에서는 국가적 취로사업의 폐지에 분노한 노동자들이 무장 반란을 일으켰다. 영국과 프랑스, 산업혁명이 진행된 두 나라의 무산계급은 투표권과 취로사업 같은 형태의 생계 보장, 노동자들이 정치 세력화되어 제대로 발언권을 가질 수 있는 민주주의 제도의 확립을 요구했다.

그 후로 170여 년이 지났다. 1848년에는 급진적으로 들렸던 '1인 1표제 민주주의' 요구가 현대적 정치의 상식이 된 지 이미 70여 년이 됐다. 노동자들이 정치 세력화되었을 뿐만 아니라, 유럽에서는 각종 사민당 지도자들이 정치 엘리트 집단에 편입된 것이 당연시된 지도 오래다. 그런데 왜일까? 170여 년 전의 노동자 반란을 방불케 하는 일이 또다시 같은 파리의 거리에서 일어났다. 직접적 원인이야 유류세 문제였지만, 유류세 도입 계획이 취소된 뒤에도 '노란 조끼'를 입은 대중들의 항의는 지속되고 있었다. 한겨울 추위에도 시위 대열은 계속 거리를 차지하고 있었다. 이것은 한국의 보수 언론들이 이야기하는 것처럼 일부 '폭력 분자'들의 문제였던가? 그렇다면 왜 70% 이상의 프랑스인들은 그들의 요구를 지지한다고 응답하고 있었는가? 다수의 국민이 다 '폭력'의 편이 된 것일까?

물론 아니다. '노란 조끼'들의 이유 있는 반란은 새로운 계층이 정치 무대에 도래했음을 알리는 신호탄이었다. 1848년 6월 파리의 시가전에서 정치 세력으로서의 무산계급이 탄생했다면, '노란 조끼'들의 반란은 정치 세력으로서의 프레카리아트(precariat)를 낳았다. 그리고 '노란 조끼'들에 대한 다수 노동계급 구성원들의 지지는, 이 새로운 계층이 모든 피착취 계층의 전위(前衛)가 될 수 있다는 것을 보여주기도 한다. 앞으로 다시 혁명이 일어날 수 있다면 그것은 바로 프레카리아트의 혁명일 것이다.

프레카리아트는 '불안정한'이라는 뜻의 이탈리아어 '프레카리오(precario)'와 '노동자'를 의미하는 '프롤레타리아트(proletariat)'의 합성어로, 말 그대로 '불안 노동자들의 계층'을 의미한다. 비정규직, 저임금, 무주택 노동 인구가 바로 여기에 속한다. 물론 고용 관계가 불안하거나 월급이 낮거나 자기 집이 없는 노동자들이야 늘 있어 왔다. 그런데 세계 자본주의 황금기, 즉 1945년부터 1970년대 중후반 이전까지는 구미권에서 주변부적 불안 노동자들은 어디까지나 '소수'였다. 젊은이들은 몇 년간 계약직으로 일하며 셋집에 살아도 언젠가는 당연히 정규직이 되어 은행 융자를 받아 자기 집을 사거나 영구 임대주택 같은 안정성 있는 주거지를 얻을 수 있을 것이라는 인생 설계를 할 수 있었다. 그리고 자신은 부모보다 조금 더 잘살 수 있을 것이라고 생각했을 뿐만 아니라, 자신의 자녀들도 자신보다 더 나은 삶을 살 것이라는 전망을 할 수 있었다.

하지만 1970년대 중후반 이후의 신자유주의 도입은 이와 같은 등식을 뒤엎어 노동계급을 분리시켜놓았다. 전체 노동자의

50~60% 정도인, 주로 남성, 중년, 고숙련 노동자들은 정규직과 생활의 안정성을 나름대로 유지할 수 있었다. 그러나 노동계급의 핵심부라고 할 수 있는 정규직마저도 실질임금의 인상은 더디거나 거의 없고 해고의 불안이 갈수록 높아져가는 상황에 직면하게 됐다. 미국의 제조업을 예로 들자면, 내가 태어난 1973년에는 평균 명목 시급이 4달러였는데 지금은 26달러다. 수치만 보면 늘어난 듯 보이지만, 49년 사이의 인플레이션까지 계산한다면 구매력 차원에서 제조업 노동자의 임금은 그냥 제자리걸음에 불과하다. 거기에다가 오늘날 미국 일자리의 4분의 1은 저임금 일자리다. 정도의 차이는 있지만 독일 등 일부 국가 이외에는 다른 구미권 나라에서도 제조업은 쇠퇴 중이며, 그나마 새로운 일자리를 창출하고 있는 서비스업에서 젊은이들은 저임금 노동자나 비정규직으로 일한다. 아무리 열심히 일해도 구매력이 늘지 않는, 그리고 자녀가 자신보다 잘살기는커녕 저임금 직장밖에 얻지 못하는 노동자 부모들이, '노란 조끼'들의 반란 같은 대중행동을 지지하지 못할 이유가 과연 어디에 있겠는가?

그렇다면 프레카리아트의 규모는 과연 어느 정도일까? 유럽에서 신자유주의의 바람이 덜한 노르웨이만 해도 약 9%의 피고용자는 비정규직이며, 최하위 10%의 저임금 노동자들이 받는 임금 액수는 전체 임금 액수의 5%에 불과하다. 대체로 전체 노동자의 10%가 빈곤층이 되었고 그들의 다수는 여성이나 청년들이다. 신자유주의가 가장 오랫동안 추진되고 있는 영국의 경우에는 대부분 신흥 빈곤층인 자영업자가 16%에 이르며 저임금 피고용자는 20% 정도다. 전체 인구의 38%는 자신이 거주하는 집을 소유하지 않고 집세를 내며 산다. 즉, 전체 근로 인구의 30~35%가 프레카리아트이거나 프레카리아트에 가깝다고 봐도 무방할 정도다. 청년층은 프레카리아트나 준프레카리아트가 이미 절반을 넘는다. 이들은 부모만큼 상대적으로 편하게 살 수 없다는 것은 물론, 평생 동안 저임금 이상의 정규직과 내 집을 가져볼 확률이 거의 없다는 점을 너무나 잘 알고 있다. 그들이 노란 조끼들의 시위 때 파리의 거리에서 보인 행동을 '폭력'이라고 비난한 한국 보수 언론들은 과연 절망의 절규라는 것이 무엇인지 알기나 하는가?

노란 조끼를 입은 프랑스의 프레카리아트는 시위를 하면서 최저임금과 연금 인상과 함께 외주화 금지, 비정규직 양산의 중지와 비정규직의 정규직화를 요구했다. 프랑스 노동자들은 대부분 이 요구들을 지지했다. 그런 의미에서 프레카리아트는 노동계급의 전위다. 그러나 그럼에도 프랑스의 좌파 정당이나 노조들이 이 프레카리아트 운동을 이끌어나가지 못한 이유는 무엇일까? 무엇보다 고숙련 조직 노동자에 의존해 의회정치에 안주해온 타성 탓이라고 하지 않을 수 없다. 프레카리아트는 노조 가입을 하고 싶어도 할 여건이 안 될 뿐만 아니라, 의회정치 자체를 불신한다. 프레카리아트는 직접 행동의 언어로 발화한다. 기존의 좌파들은 다시 한번 거리 행동의 언어를 배워야 한다.

유럽 프레카리아트의 혁명적 움직임들은 한국인들에게 남의 일일까? 결코 아니다. 한국의 경우 비정규직 비율(약 36%)과 저임금 노동자(전체 고용 인구의 23.7%), 영세 자영업자(전체 근로 인구의 약 18%)의 비중, 무주택 가구(전체 가구의 43% 정도)의 수 등을 염두에 두면 '광의의 프레카리아트'로 볼 수 있는 사람은 전체 인구의 35~40%로, 구미권 평균을 오히려 웃돌 것이다. 프랑스 등과의 가장 큰 차이는 절망의 수위다. 프랑스의 프레카리아트는 족쇄밖에 잃을 것이 없다는 사실을 이미 간파했지만, 한국의 아르바이트 노동자나 파견직 노동자, 월세방 거주자들에게는 아직 가족의 도움이나 경제성장에 대한 기대가 남아 있다. 한데 이 기대들이 없어지는 것도 시간문제다.

그래서 한국 진보가 프랑스 진보의 오류를 반복하지 않으려면 이제라도 프레카리아트의 투사, 하도급 노동자와 청년 실업자, 편의점 알바들의 대변자가 되어야 한다. 그래야 밑으로부터의 혁명적 에너지가 진보적 변혁의 원동력으로 작동할 수 있을 것이다. 인생의 희망을 박탈당한 사람들이 어차피 급진화할 수밖에 없는 시대에 좌파가 그들을 이끌지 못한다면, 그 자리를 자칫 극우파가 대신 비집고 들어갈 수 있다는 사실도 기억해야 한다.

당신에게 밟히지 않을 권리

「청년 75% "한국 떠나고 싶다"」. 2019년 12월 16일자 〈한겨레〉에 실린 기사 제목이다. 그런데 한국여성정책연구원의 제119차 양성평등정책포럼 발표 자료 〈청년 관점의 젠더 갈등 진단과 포용국가를 위한 정책 대응방안 연구: 공정 인식에 대한 젠더 분석〉을 다룬 이 기사는 영어로 번역된 뒤 뜻밖에도 러시아 미디어를 강타했다. 복수의 러시아 매체들이 이 소식을 이해할 수 없다는 어조로 전했다. 한국의 평균 연봉이 약 3만 달러라면, 러시아는 1만 달러 미만이다. 게다가 한국인들이 누리는 표현·집회의 자유를 많은 러시아 젊은이들은 부러워한다. 정부의 통제를 받고 있는 매체에서 이런 이야기를 대놓고 하지 못할 뿐이다. 그런데도 75%나 되는 한국 청년들이 이민을 가고 싶다고 한다니, 도저히 납득이 안 간다는 표정이었다. 참고로, 당시 여론조사에 따르면 이민을 희망하는 러시아 젊은이들의 비율은 41% 정도였다. 젊은이들의 약 30~50%가 보다 부유한 서구나 북유럽으로 가고 싶어 하는 것은, 이들 국가보다 비교적 더 가난한 남·동유럽 나라에서는 보통의 일이다. 이를 염두에 두면 상대적으로 고임금 국가 대한민국 청년들의 '헬조선 탈출 붐'이야말로 다소 파격적이라고 볼 수 있다.

물론 이 '파격'은 사회·경제적 요인으로 어느 정도 설명이 가능하다. 아무리 고임금 사회라 해도, 임금보다는 특히 서울의 아파트값이나 사교육 비용들이 훨씬 빨리 오른다. 하위 20% 저소득자라면, 소득 전부를 모조리 저축한다 해도 평균적 규모와 가격의 아파트를 마련하기까지 무려 21년이나 소요되는 사회에서 아직 자리를 잡지 못한 청년들이 미래를 내다볼 수 있겠는가? 여기저기서 아르바이트하고 취업 준비에 여념이 없어 결혼과 육아는커녕 연애마저도 '사치'로 보이는 젊은이들에게 이 '3포(연애, 결혼, 육아 포기)' 사회를 떠나고 싶은 마음이 일어나지 않는다면 오히려 이상할 것이다. 이 사회에서 그나마 노후나 직장 안정성이 보장된 공무원과 대기업 직원들은 전체 피고용자의 20%도 안 된다. '미래가 보장된' 이들조차도 종종 과로사를 당할 정도로 격무에 시달리곤 한다. 그러니 중소기업을 다니거나 자영업으로 내몰린 나머지 한국인들의 삶은 어떨까? 그야말로 불안의 지옥이다. 말은 정규직이라 하더라도 회사 자체가 언제 망할지도 모르는 상황에서 정규직인 것이 무슨 의미가 있겠는가? 상황이 이러하니 자연스레 탈출을 꿈꾸게 되지 않겠는가?

그러나, 그런데도 뭔가 여전히 석연치 않다. 한국이 '지옥'이라 하더라도 신자유주의로 똑같이 몸살을 겪는 나머지 세계라고 해서 과연 무풍지대일까? 2018~2019년 프랑스의 길거리에서 치열한 시가전을 펼친 '노란 조끼'들의 상당수는 한 달에 약 1,000유로(한화로 약 130~140만 원)로 간신히 몸에 필요한 영양을 섭취하면서 미래에 대한 그 어떤 기약도 없이 살아가야 하는 신흥 빈곤층이었다. 한국 관광객들이 그렇게나 좋아하는 낭만의 도시 파리는, 그 주변의 위성도시들까지 포함해서 계산한다면 빈곤율이 무려 40%나 된다. 런던의 빈곤율은 27%다. 한국을 떠나 이민을 간다고 해서 '헬미국'이나 '헬독일'에서 경제적으로 고생하지 않으리라는 보장은 없다. 거기에다가 인종차별 등의 위험 요소를 가산해야 한다. 한국 매체들은 이민 실패담이나 이민 실패를 다루는 경고성 기사들을 꽤 자주 내보낸다. 그런데도 청년들의 75%가 한국을 떠나고 싶어 한다면, 또 다른 요인이 있다고 봐야 한다. 반(反)이민 정서가 갈수록 더 극성을 부리는, 신자유주의의 위기 속에서 요동을 치는 '외국'으로 한국 젊은이들을 내모는 그 힘이란 과연 무엇인가?

　　인간의 기본 욕구 중 하나는 존엄성에 대한 욕구다. 배고플 때 밥을 먹고, 추울 때 옷을 입고, 외로울 때 누군가와 함께 지내고, 위험이나 공격으로부터 보호를 받고 싶어 하는 마음만큼, 자존감을 지키면서 살고 싶은 마음이 크다는 것이다. 사실, 조선 독립에 대한 정치적 열망 못지않게 식민지 현실 속에서 피식민 백성으로서 당해야 했던 일상 속 수모야말로 독립운동의 아주 중요한 동기였다. '조선의용대의 마지막 분대장', 김학철(1916~2001) 선생에 대한 유명한 일화가 있지 않은가? 문학 소년이었던 그는 일본인들의 집단 거주지인 황금정(오늘날의 을지로)의 일본 서점에서 일본어 소설책을 사가지고 나왔다가 길거리에서 일본 순사에게 '책 도둑'으로 몰린 적이 있었다. 조선 청년이 일본어 소설을 쉽게 읽을 수 있다는 것을, 순사는 믿으려 하지 않았다. 결국 서점 직원이 책을 정식으로 구입했다는 사실을 증명하여 김학철은 풀려날 수 있었지만, 일본인 순사는 사과조차 하지 않았다. 이 수모를 도저히 잊을 수도 용서할 수도 없었던 김학철은, 머지않아 상하이로 건너가서 무장독립운동의 길을 찾아 나섰던 것이다. 나름 재력가 집안의 아들로 명문인 보성고등보통학교를 다녔던 그는 일제 치하에서도 현실적으로 얼마든지 잘 먹고 잘살 수 있었겠지만, 수모를 참고 사는 것을 그의 자존심이 허락하지 않았다. 인간은 먹고살기를 위해서도 가끔 목숨을 걸고 위험한 일을 하지만, 자존심을 지키기 위해서도 생명을 내놓을 수 있다.

그런데 임금 수준도 꽤 높고 표현이나 집회의 자유도 다행히 쟁취된 이 대한민국에서 와신상담(臥薪嘗膽) 격으로 각종 불쾌감을 감수하지 않아도 되고, 피고용자의 자존심을 제대로 살려주는 직장은 과연 얼마나 될까? 통계를 믿는다면, 그다지 많지 않다. 2019년 7월 1일에 보도된 취업 포털 사이트 인크루트의 조사에 의하면 직장인들의 64.3%가 각종 일터 갑질에 시달렸으며,

그 유형은 폭언이나 모욕부터 사적인 용무 지시, 따돌림까지 대단히 다양했다. 직장 내 괴롭힘 금지법이 시행되고 나서도 직장인 응답자의 60.8%가 '갑질이 여전하다'고 느낀다는 보도도 나왔다. 여기서 갑질이란 상당한 정신적 피해를 입힐 수 있는 심각한 인격권 침해를 이야기한다. 갑질까지는 아니더라도 상사가 권위주의적 태도로 부하 직원들을 심리적으로 억누르고 있다고 느껴지는 직장까지 포함한다면 어떻게 될까? 아마도 대한민국 직장인들의 80~90%가 피해자라고 봐야 할 것이다. 이 부분이야말로 젊은이들의 '탈출' 욕망을 가장 강하게 부추기는 지점이 아닐까?

젊은이들이 이 나라를 떠나고 싶어 하는 많은 이유 중 하나는 그들이 연장자, 권력자들에게 일상적으로 밟히면서 살고 싶지 않기 때문이다. 인종차별이 두려울 수 있지만, 국적이 같은 권력자에게 자존심을 짓밟히는 아픔은 인종차별의 두려움보다 더클 수도 있다. 사람이 사람을 밟고 다니는 일터의 분위기를 바꾸자면 노동자들의 경영 참여 등 직장의 민주화부터 절실히 필요하다. 직장이 민주화되지 않는 이상 젊은이들의 한국 탈출 행렬은 계속 이어질 것이다.

직장 회식, 복종의 의례

한국 대학과 노르웨이 대학 사이에는 많은 차이점들이 있지만 그 중에서도 가장 먼저 눈에 띄는 것은 대학가 풍경이다. 한국 대학 캠퍼스는 대개 유흥가에 둘러싸여 있다. 학생들이 이용할 수 있는 식당이나 공부할 수 있는 카페도 많지만, 주점이나 노래방 등 유흥 시설도 적지 않다. 북유럽 대학에서는 구내에 교직원과 학생들이 할인을 받아 식사를 할 수 있는 공간은 꼭 있지만, 캠퍼스 밖으로 나가면 카페는 몇 군데 있어도 한국에서 볼 수 있는 '유흥가'는 찾아볼 수 없다. 대학뿐인가? 서울의 각종 오피스 빌딩 '숲' 밑에서 흔히 볼 수 있는 유흥가를, 기업 본부와 정부 청사 등이 있는 오슬로 시내에서는 도저히 찾아볼 수 없다. 노르웨이에도 유흥 공간이야 당연히 있지만 사무직 노동자들의 일터와 그다지 가깝지 않다. 노르웨이에서는 '노동'의 연장선상에서 유흥가로 갈 일이 전혀 없기 때문이다.

노르웨이라고 해서 술을 마시지 않는 것은 아니다. 물론 노르웨이인의 연평균 주량(7.7ℓ)은 한국인 성인의 연평균 주량(12.3ℓ)보다야 적지만, 주류 판매를 국가가 독점하여 높은 술값을 매겨온 지난 한 세기 동안의 노력에도 불구하고 '음주 문화'를 근절하지는 못하고 있다. 그렇지만 '일터'와 '술 파티'를 연결시킬 수 있다는 발상 자체가, 자본과 노동 사이에 균형이 잡힌 사회에서는 성립부터 불가능하다.

일터란 무엇인가? 노동자가 품을 팔아 품삯을 받는 곳일 뿐이다. 노동시간의 판매자인 노동자는 계약한 시간(보통은 평일 8시간) 동안 근무하는 것 이외에 고용주에 대한 어떤 의무도 지지 않는다. 슈퍼에서 우리에게 먹을 것을 파는 사장님이 손님과 술을 같이 마실 의무가 없듯이, 노동시간의 판매자가 직장 관리자의 지시에 따라 끌려가서 술을 마시는 것은 법적으로는 어불성설이다. 정상적인 사회에서는 근무시간 이외에 관리자가 노동자에게 업무상 연락을 하는 것도 소송감이다. 한국은 어떤가? 구인구직 매칭 플랫폼 사람인이 2019년에 직장인 456명에게 설문한 '모바일 메신저 업무처리 현황'에서는 10명 중 7명(68.2%)이 근무시간 외에 메신저로 업무 지시를 받았다고 했는데, 그 조사 결과야말로 한국의 노무관리 '관행'이 '정상'에서 한참 멀다는 사실을 그대로 보여준다.

근무시간 외 업무 지시 등과 함께 사실상의 회식 참여 준강요는 아직도 한국 직장 관리자들 다수가 '정상'이라고 착각하는 인권침해의 대표적 사례다. 물론 인권 감수성이 성장함에 따라 회식 참여 강요의 강도는 상당히 완화됐다. 내가 국내 직장에 다니면서 한국 '직장 문화'를 체험했던 1990년대 말에는 기업이나 대학가에서 회식 참여 회피가 결근보다 더 큰 '죄'로 인식되었던 직장들도 흔했다. 회식 참여를 대놓고 거부한다는 것은 중무장한 전경들이 진압하는 시위에 참여하는 일보다 더 많은 용기를 요구했고, 단순한 회피도 거의 '상사 권위에 대한 도전'으로 여겨지기가 쉬웠다. 지금은 어떤가? 취업 포털 잡코리아가 재작년에 직장인 659명을 대상으로 회식 현황을 조사한 결과를 보면 45%가 '자유롭게 선택할 수 있다'라고 답한 반면, 무려 41%가 '눈치보인다'라고 했다. 복수 응답이 가능한 이 조사에서는 13%가 '회식 참석은 무조건적'이라고 답했다. 즉, 개선은 되어가지만, '강요된 집단 유흥'은 여전히 다수의 한국 직장인이 직면하게 되는 '헬조선'의 한 측면이다.

코로나로 초비상이 걸리고 당국에서 모이지 말 것을 간곡히 권하는 상황인데도 무려 22%가 '회식이 여전히 진행 중'이라고 응답한 것으로 봐서는, 회식이란 단순히 '같이 밥을 먹고 술을 마시고 노래를 부르는 자리'라기보다는 차라리 '회사'라는 유사 '왕국'의 빠질 수 없는 중요한 '의례'에 더 가깝다. '의례'란 사회적 관계들을 재확인하고 공고화하는, 상징성이 높은 절차다. 그렇다면 회식이라는 의례는 과연 어떤 관계들을 재확인하는 것일까? 직장의 관리자들은 회식의 함의에 대해 '일체감과 단결력 배양'이라고 말하겠지만, 전형적인 회식을 인류학자의 눈으로 참여·관찰하다 보면 무엇보다 먼저 '서열 관계'가 재확인되는 자리라는 것을 쉽게 알 수 있다. 회식에 참석한다는 것 자체가 상사의 '보이지 않는' 명령에 복종하는 의미가 짙은데, 회식 자리에서 부하가 상사에게 술을 따라주는 일은 확실히 줄어든 것 같지만 그 자리를 조금만 관찰해도 누가 상사이고 누가 부하인지는 금방 알 수 있다. 회식이라는 (비공식적) '행사'의 진행을 총괄하는 상사는 부하들의 고충 사항이나 부탁을 들어주고 부하에게는 (묵시적으로 지속적 복종을 대가로 요구하는) 각종의 약속 등을 해준다(단, 부하 직원들을 상대로 온라인 리서치 업체인 엠브레인이 4년 전 조사한 결과를 보면 '상사의 술자리 약속' 이행률은 19%에 그친다고 한다). 직원들이 애써 싫은 표정을 감추고 상사가 애써 '온정'을 가장해야 하는 것은 아마도 가장 전형적인 '회식 풍경'일 것이다.

'술김'에 희롱이나 폭언, 폭행 같은 온갖 불법적인 행위들이 종종 일어나고, 부하에게는 지옥처럼 괴롭고 심지어 상사에게도 얼마든지 부담이 될 수 있는 이 회식이라는 의례를, 그럼에도 불구하고 지속적으로 강행하는 이유는 도대체 무엇일까? 이는 한국 기업들의 이윤 수취 전략과 연관된 것으로 보인다. '선진국이 됐다'고 자타가 인정하지만 한국의 노동생산성은 여전히 예컨대 노르웨이의 45% 정도밖에 되지 않는다. 그리고 이윤을 최대화하기 위해 기업들은 비교적 낮은 효율을 '무제한 장시간 노동' 강요로 상쇄한다. 정부가 주 52시간제를 실시한다 해도 특히 제조업과 건설 부문의 현장에서는 이 주 52시간제가 유명무실해 실질적 주당 노동시간이 여전히 60시간 정도 된다는 것은, 여러 노조의 조합원 조사에서 쉽게 알 수 있다. 노동자들을 그야말로 기계처럼 '언제든지 편하게' 부리기 위해 저녁이나 주말에는 '카톡 업무 지시' 등으로 그들의 개인 시간까지 식민화해 노동시간과 개인시간의 구분 자체를 불가능하게 만드는 한편, 상사가 '온정적 가부장'의 역할을 연출하는 회식이라는 서열적 복종의 의례를 많은 직장에서 사실상 필수화하는 것이다. 그런 회식 자리들이 만들어내는 가부장적 '유사 가정'의 분위기에서는 불법 초장시간 노동을 강요하는 게 훨씬 더 수월하다.

노동자가 8시간 일하고 나서 저녁이나 주말, 휴가 때 직장의 존재 자체를 깡그리 잊을 수 있는 나라야말로 노동자에게 좋은 나라다. 대한민국이 그렇게 되자면 회식 강요에 대한 처벌이 강화되는 한편, '회식 없는 회사야말로 우량 회사'라는 의식부터 빨리 확산되어야 할 것이다.

"한국에선 가능한 일인가"라는 질문

내 아들은 지금 고3이다. 금년 가을에는 대학에 입학해야 한다. 노르웨이의 교육제도상 한국과 같은 입시는 없어 한국의 학부모 정도는 아니지만, 고교 시절의 평점이 어느 정도 이상이 되어야 대입이 가능하기에 그래도 마음이 좀 쓰이긴 한다. 아이의 학습 현황이 걱정되기에 지난번에 한국에 초빙 연구자로 머무르면서도 아이와 그 문제로 계속 원격 소통을 했다. 아이와 대화할 때 가끔 학교 공부의 유용성에 대해 논쟁을 하곤 하는데, 아이에게 고등 수학이나 고대사가 실생활에서 어떤 쓰임새가 있는지를 납득시키느라 애를 먹곤 했다. 그렇지만 노르웨이 중·고등학생들이 학교에서 받는 노동권 교육의 필요성을 아이는 의심한 적이 없었다. 본인도 아르바이트를 잠깐 한 경험이 있기에, 당시에 시급이나 잔업, 근로계약 등에 대한 지식이 유용했었다는 것을 인정했다.

북유럽 아이들은 '노동'에 대해서 일찌감치 배운다. 노르웨이에서도 중학교 2학년 때 '실습'이라고 해서 현장에서 일하면서 법정 노동, 휴식 시간 등과 같은 개념들의 의미를 체험을 통해 깨닫는다. 스웨덴 같은 경우에는 중학교 2~3학년 때에 2주간 현장 실습을 하는 프로그램도 있다. 2주 동안 '일'의 맛을 직접 보면서 노동보호 법률 조항을 하나하나 배우게 된다. 스웨덴 중학교 2학년 사회 교과서에서는 예컨대 실업급여 같은 주요 복지 시스템이나 노동보호 법률에 대한 심화학습 내용을 찾아볼 수 있다. 현장에서 쓰일 만한 내용뿐만 아니라 그 역사적 배경까지도 배운다. 나는 아이의 고등학교 역사 학습을 도와주면서 노르웨이의 역사 교재를 접하게 되었는데, 거기에는 19세기 노르웨이 노동자들의 비참한 삶과 초기 노동운동의 출현, 1887년의 노동당 창당, 노동투쟁의 이정표, 그리고 1929년 세계 대공황 이후 복지 시스템 구축의 역사 등이 상세히 다루어져 있었다. 다른 건 몰라도, 적어도 북유럽에서 고등학교 교육까지 받고 졸업하는 학생들은 이미 표준 근로계약서 작성이나 잔업수당 계산 방식 등에 대해 '상식적으로' 정확히 알고 있는 것이다.

학교가 노동권 교육의 현장이 되어야 하는 이유는 자명하다. 이윤 창출과 자본의 무한한 축적을 지향하는 자본주의 경제 시스템은 '독(毒)'과 같은 성격을 갖는다고 볼 수 있다. 어떤 상황에서는 독이라도 사람들에게 도움이 된다. 약물 생산 등에 유용하게 쓰일 수 있기 때문이다. 마찬가지로 시장·경쟁 시스템도 일정한 법적 제약 속에서 적용되는 경우에는 기술 혁신 등 순기능을

발휘한다. 그러나 이 제약이 풀리기만 하면 민간 자본, 시장, 경쟁
은 곧바로 약물이 아닌 독물로 돌변하는 것이다. 국가가 환경보
호 법률의 준수를 강제하지 않으면 공장 굴뚝들은 유해 물질들
을 마구 허공으로 뿜어낼 것이고, 노조가 없고 근로기준법이 지
켜지지 않는 노동 현장은 전태일 열사가 1960년대 말에 체험한
평화시장 격이 된다. 자본주의 사회의 운영을 전적으로 자본가들
의 재량에만 맡기면 이 사회는 곧바로 사람이 살 수 없는 '정글'
로 변한다.

  노르웨이에서도 청소년 노동권 교육이 절실한 이유는, 드물
긴 하지만 청소년 노동권이 침해되는 경우가 가끔씩 발생하기 때
문이다. 예를 들어 내가 개인적으로 아는 학생 중에서도 여름에
웨이터로 일하면서 잔업수당과 특근수당을 받지 못한 사례가 있
었다. 결국 노조의 법률 지원으로 법적 절차를 밟아 돈을 받아냈
지만, 여간 고통스러운 과정이 아니었다. 그나마 노르웨이에서는
아르바이트를 하는 학생들도 대부분 노조에 가입하여 비상시에
노조의 지원을 받을 수 있기에 젊은이들이 노동시장에서 초과
착취나 사기, 임금 도둑질을 당할 확률은 비교적 적은 편이긴 하
지만, 그런 곳에서도 일정한 위험은 늘 도사리고 있다.

  그에 비하면 한국의 노동시장은 그야말로 전쟁터다. 하루하
루 총성 없는 전쟁이 일어나고 그 희생자는 노동자, 그중에서도
특히 청년, 청소년 노동자들이다. 잔업수당은 고사하고 임금 전액
이 체불되는 것도 한국에서는 다반사다. 전국적으로 체불임금 총

액이 1조 6,000억 원에 달하는 것이 신생 '선진국' 대한민국의 현주소다. 〈마성의 기쁨〉과 같은 유명 드라마를 만든 제작진이나, 4년 전 전 세계의 주목을 받은 평창올림픽의 시설을 만든 건설 노동자, 올림픽 기간 중 셔틀버스를 운전한 기사, 행사 진행에 진력한 도우미 등도 임금 체불의 고통을 겪었다. 약 3분의 1이 임금 체불을 겪고 있는 한국 내 구소련 고려인들을 지원하면서 수도 없이 많은 임금 체불 건을 처리하는 데 도움을 준 한 성직자의 표현을 빌리자면 임금 체불은 국내 업자들의 '생리'에 가깝다. 자금 흐름에 문제가 생기기만 하면 '인건비'를 '인력'들에게 주지 않고 '급한 데'에 쓰는 것이 업계의 '관례'다.

약육강식의 정글의 법칙이 지배하는 사회에서 1차적으로 희생당하는 것은 젊은이들이다. 서울특별시교육청이 2018년 10월, 중학교 3학년과 고등학교 2학년 학생 8,654명을 대상으로 '서울 학생 노동인권 실태조사'를 벌였는데, 그 결과에 의하면 응답자 중 15.9%가 아르바이트 유경험자였으며, 그중에 47.8%가 임금 내지 수당 체불을 비롯한 각종 노동권 침해를 당한 적이 있다고 한다. 소매업, 배달업, 식당업 등에서 젊은이들의 저임금 노동이 이 사회의 '성장'을 뒷받침하고 있는데, 싸움터 같은 일터로 나가야 할 그들에게 절실히 필요한 지식을 학교는 미리 제공해주지 않는다. 사회나 도덕 교과서에 '노동'에 대한 단편적 언급들은 있지만, 한국의 각급 학교들은 아직도 근로기준법 같은 노동 관련 법률, 노동권 침해의 유형, 노동권 침해에 대한 대응 방식, 그리고 노조 가입의 중요성에 대해서 체계적인 학습의 기회를 학습자들에게 제공하지 않고 있다. 그런 교육을 제대로 받지 못한 학습자들은 나중에 노동 현장에서 업자로부터 사기를 당할 뿐만 아니라 안전 장비 미제공에 대한 항의를 할 줄 몰라 산업재해에 노출될 확률 또한 더 높다. 즉, 많은 젊은 노동자들에게 노동권 교육은 생활 이상의 생명의 문제다.

영화 〈카트〉에서 진상 고객에게 마트 비정규직 직원이 무릎 꿇고 빌어야 했던 그 유명한 장면을 본 나의 노르웨이 학생들은 믿기지 않는다는 듯이 이게 한국에서는 실제로 일어날 수 있는 일이냐고 나에게 자주 물어왔다. 만약 직장에서 각종 갑질에 늘 노출되고 있는 노동자들이 학교에서 일찍 노동권 교육을 받게 된 다면 그들은 더 쉽고 효율적으로 이런 모욕을 막아낼 수 있지 않 을까? 만약 현 정권의 공약대로 우리가 '노동 존중 사회'로 나아 가려 한다면, 학교에서 노동권 교육을 제도화하여 미래의 노동자 들에게 그 권리를 미리 가르치는 것이 가장 첫 조치가 되어야 할 것이다.

'한류'라는 이름의 착취 공장

최근 나는 내가 여태까지 거의 하지 않았던 일을 하나 하게 됐다. 한국 대중문화 수업을 맡게 되면서 노르웨이에서 한국 대중문화를 좋아하는 젊은이들과 자주 만나 이야기를 나누게 된 것이다. 노르웨이를 포함한 구미권 나라에서는 그런 젊은이들을 흔히 '코리아부(Koreaboo)'라고 부른다. '코리아부'들의 한국과의 첫 만남은 보통 케이팝이나 한국산 게임 등으로 시작되지만, 꼭 거기에 국한되지 않는다. 일부 '코리아부'는 더 나아가서 한국을 방문하고 한국어까지 배우기 시작한다. 한국학 기반이 비교적 약한 북유럽권 같은 경우에는 '코리아부'야말로 한국학 관련 교원들이 가장 중시하는 '잠재적 학생층'이다. 그래서 나처럼 한국의 한류를 포함한 그 어떤 대중문화에도 별다른 개인적 취미가 없는 한국학 학도들도 '코리아부' 연구에 최근 상당한 열을 올린다.

　이쯤에서 솔직히 고백하자. 그들을 만나기 전까지 나는 그들에 대한 편견을 상당히 가지고 있었다. 그저 케이팝의 현란한 리듬과 일사불란한 칼군무에 현혹되고 컴퓨터게임으로 인생을 낭비하는 중산층 아이들이 아닐까 싶었다. 그런데 '코리아부'의 세계를 파헤치다 보니 나는 매우 의미심장한 사실 하나를 발견하기에 이르렀다. 다는 아니더라도 상당수의 '코리아부'는 생각보다 훨씬 더 비판적인 한국 애호가들이었다. 그들은 자국의 문화보다 어쩌면 한국 문화를 더 선호하는 만큼 한국 대중문화 생산에 대한 요구 수준도 생각보다 높았다. 그리고 이야기를 나누다 보니 그들의 관점은 내 관점과 그렇게까지 다르지도 않았다.

나의 한반도와의 인연은 대학 입시에 성공한 1989년에 처음으로 접한 1958년도판 김일성종합대의 조선어 교과서에서 시작됐다. 나중에 가서 1990년대 초반의 한국 대중문화, 즉 정태춘이나 노찾사(노래를 찾는 사람들) 노래들도 접하게 됐지만, 내가 처음 들은 한반도 계통의 가요는 북한의 〈적기가〉와 〈김일성 장군의 노래〉였을 것이다. 북한의 대중문화라고 할 만한 노래나 영화 등과의 인연이 먼저 이루어진 만큼 나는 북한 현실의 비극적 측면들을 일찍부터 마음 아프게 생각하기 시작했다. 예컨대 한때 동유럽 전체를 휩쓸며 엄청난 인기를 거둔 북한 액션 영화 〈명령 027호〉(1986)를 30여 년 전에 처음 봤을 때, 그 영화에서 실감나게 접한 극도로 군사화된 북한 사회의 모습이 나로서는 매우 슬프게 느껴졌다. 나의 경험과 마찬가지로 한반도와의 인연을 한국의 대중문화로부터 시작하는 북유럽의 '코리아부'들은 바로 이 대중문화 속에서 훤히 보이는 한국의 문제들을 놓고 종종 고심한다.

'코리아부'들의 관심은 대개 케이팝에 집중된다. 그들의 케이팝에 대한 이해는 생각보다 깊고 나름대로 체계적이다. 그들은 케이팝을 가능하게 만든 한국형 랩이 서태지의 노래에서 선구적으로 등장했다는 사실을 잘 알고 있으며, 많은 경우에는 1995년에 발표된 〈Come Back Home〉 가사 정도는—어떤 경우에는 아예 한국어로—낭독할 수도 있다. 그래서 그들은 나에게 자주 이런 질문을 던지곤 한다. 1990년대 중반만 해도 사회에 대한 반항심이 절실히 느껴지는 가사의 노래들이 많았는데 왜 최근 들어서는 그다지 사회적 의제와 관계없는 가사로 바뀌게 됐느냐고. 그런 질문을 받을 때면 나는 에스엠엔터테인먼트 같은 업체들, 즉 연예계 자본이 계획 생산하듯 배출하는 그룹들의 가사가 자본에 비판적이기를 과연 어디까지 합리적으로 기대할 수 있겠느냐고 그들에게 반문하곤 한다. 그렇지만 케이팝 음악 가사들이 점차적으로 사회적 의제를 상실해가는 것에 대해서는 나도 그들처럼 매우 안타깝게 생각한다.

내가 아는 '코리아부'들은 다수가 젊은 여성이다. 자연스럽게 그들에게 케이팝에서 재현되는 여성 표상의 문제는 초미의 관심사다. 그들은 이효리와 같은 일부 한국 여성 연예인으로부터 여성으로서의 바람직한 주체성과 행위자성을 발견하지만, 최근의 '걸그룹'에 대해서는 보면 볼수록 깊은 아쉬움을 느낀다. 미성년자인 아이돌 그룹 멤버들에게 노출이 매우 심한 무대 의상이 강압적으로 강요되는 것도 그들에게는 연예계 자본의 가부장적 폭력으로 비치지만, 무엇보다 '귀엽고 섹시한 여동생'이라는 콘셉트 자체가 양성평등, 여권 신장이 화두인 시대에 맞지 않는 것으로 인식된다. 힘세 보이고 역동적인 남자 아이돌 옆에서 여성이 신체 노출과 남성의 보호를 요청하는 듯한 '귀여운' 모습으로 매력 포인트를 얻어야 하는 것은, 남성과 자신들이 크게 다를 바 없다고 생각하는 스칸디나비아 여성들에게 그저 부자연스럽게 보일 뿐이다. 그런데 생각해보면, 한국인의 시각으로 본다 해도 연예계 자본이 걸그룹들을 생산하고 마케팅하는 방식은 과연 자연스럽고 바람직하게 보일까?

북유럽의 '코리아부'들을 포함하여 국내외 한류 팬들이 이구동성으로 의문을 제기하는 부분은 하나 더 있다. 이제는 7년으로 단축·제한됐지만, 한때 심하면 13년에 달했던 계약 기간 조항, 게다가 착취적이라 할 수 있는 수익 배분율과 인권침해로 여길 만한 사생활 관련 조항들을 포함하는 속칭 '노예 계약서(전속계약)'의 문제다. 내가 만난 상당수의 '코리아부'는 10여 년 전 동방신기 멤버들의 일부가 소속사인 에스엠엔터테인먼트를 상대로 벌인 법정 공방의 이모저모를 나보다 훨씬 더 자세히 안다. 그리고 공방의 내용을 알면 알수록 의아해한다. 이들이 나에게 가장 자주 던지는 질문 중 하나는 "연애 금지와 같은 개인 사생활의 권리, 즉 기본 인권을 침해하는 조항들을 포함하는 이런 계약서들이 한국의 법체계상 유효하냐"는 물음이다. 노르웨이뿐만 아니라 내가 아는 어떤 나라에서도 연예인의 연애 금지 조항은 당연히 법적으로 성립이 불가능하고 원천 무효일 것이다. 과연 연예인들의 사생활까지 팬들을 상대로 '장사'를 벌여 연예계 자본의 돈벌이 수단으로 삼는 오늘날 케이팝과 같은 '비즈니스'의 방식은 앞으로 세계인들의 이해와 공감을 어디까지 얻을 수 있을까?

스타들도 연예계 자본으로부터 착취를 당하지만 어쨌든 그들은 스타인 만큼 그나마 후한 노력의 대가를 받기는 한다. 그런데 한류 문화 상품 생산에 결정적인 역할을 하고 있으면서도 박봉과 각종 부당노동행위에 계속 시달리는 '한류 문화의 무산계급'도 있다. 바로 영화나 드라마 촬영에 없어선 안 될 보조 출연자, 즉 '엑스트라'들이다. 노르웨이 소비자들이 흔히 쓰는 한국제 자동차나 휴대폰이 수많은 비정규직 노동자의 저임금 불안 노동에 의해 생산되듯이 노르웨이 '코리아부'들이 사랑하는 한국 영화나 드라마는 보통 간접 고용된 비정규직인 '엑스트라'들의 저임금 노동으로 만들어진다. 최저 시급에 불과한 저임금만 문제일까? 드라마 촬영의 경우에 임금은 훨씬 나중에 지급되고, 또 어렵게 땀 흘려 번 돈을 받지 못하는 일들도 종종 벌어진다. 영화판의 경우 특히 위험천만한 전투신, 격투신 등으로 부상당한 보조 출연자는 보상금과 치료 지원을 쉽게 받지 못한다. 늘 간접 고용을 수반하기 때문에, 오늘 사용자에게 대들었다가는 내일 부름을 받지 못할 수도 있다는 불안감 또한 항상 보조 출연자들의 삶을 떠나지 않는다. 이렇게 해서 만들어지는 영화 내지 드라마 상품을 양심 있는 대중문화 소비자는 과연 마음 편히 즐길 수 있을까?

상업적 대중문화를 우리 시대의 '인민의 아편'으로 보려는 시각도 있지만, 그 순기능도 인정할 만하다. 한국 대중문화를 매개로 하여 북유럽 사람들이 한국과 친숙해지면 여러모로 다행스러운 일이 아닐 수 없다. 그런데 그들은 한국과 친숙해지면 친숙해질수록 저임금과 불안 노동, 여성 이미지의 성애화와 연예계의 '을'들에 대한 노동권, 인권 유린에 기반한 한류 생산 메커니즘부터 심하게 의심하게 된다. '코리아부'들이 한국을 좋아하면 좋아할수록 '노예 계약'이나 '연애 금지', 하루에 15~20시간이나 일해야 하는 드라마와 영화 제작 현장 스태프들의 지옥 같은 삶을 문제로 삼을 것이다. 노동자들의 무한한 일방적 희생으로 이루어지는 한류 붐은 적어도 북유럽에서는 오래가기 힘들 것이다. 세계인이 즐길 만한 한류가 되고자 한다면 평등과 연예계 노동자 인권 존중에서부터 출발해야 한다.

5장

세계-'아래로부터'의
세계화를 위하여

'아래로부터'의 세계화를 위하여

나는 그들을 어느 시골 성당에서 만났다. 제주도의 남쪽, 모슬포 근처였다. 나는 학회 참석차 제주를 찾았고 그들은 전쟁의 참화를 피하여 제주로 왔다. 시아파(예언자 무함마드의 사촌인 알리를 예언자의 자리를 잇는 자로서 받드는 이슬람 분파)의 후티(1994년 예멘에 설립된 이슬람 무장 단체) 반군과, 그 반군을 토벌하여 수니파(시아파와 함께 이슬람을 양분하는 일파. 수나, 즉 이슬람 공동체가 전체로서 받아들인 예언자의 관행에 따르는 사람들이라는 뜻이다)의 패권을 다시 세워주려는 사우디아라비아, 그리고 후티 반군 뒤에 있는 이란과 사우디아라비아 뒤에 있는 미국이 싸움을 벌이고 있는 고국 예멘에서 지구의 반 바퀴를 돌아 드디어 제주에 도착한 것이었다.

그들 중 한 사람은, 친형이 이란이 지원하는 시아파의 후티 반군에게 총살을 당하고 나서 부랴부랴 망명을 선택했다고 한다.

그를 포함하여, 내가 만난 예멘 난민 여섯 명은 모두 가족들을 고향에 두고 왔다. 교통이 마비되고 곳곳에서 전투가 벌어지고 매일같이 친이란 후티 반군을 토벌하겠다는, 이란의 숙적인 사우디아라비아의 폭격기들이 도시와 마을들을 무차별 폭격하는 상황에서 가족들과 함께 피란길에 오를 수는 없었다는 것이다. 소셜네트워크서비스를 통한 가족들과의 연락이 이제는 그들에게는 정신적 생명줄이 되어버린 듯, 인터넷이 안 되는 곳에서 그들은 엄청나게 불안해했다. 아마도 하루에도 몇 번씩 가족들의 생사를 확인해야 했기 때문이 아닐까.

화제는 자연스럽게 현 예멘 상황으로 옮아갔다. 내가 만난 난민들의 기본 입장은 '중립'이었다. 수니파 이슬람 신도이며 예멘 남부 출신인 그들은, 북부의 시아파를 기반으로 하는 후티 반군에 대한 반감을 숨기지 않았다. 그러는 한편, '합법 정부를 지원한다'는 핑계를 대고 예멘 사태에 군사적으로 간섭한 사우디아라비아와 미국에 대해서도 그들의 입장은 매우 부정적이었다. 사우디아라비아 공군의 융단폭격으로 온 나라가 황폐해져가는 상황에서 매우 당연한 반응이기도 했다.

그들 중에는 남예멘 시절, 즉 1990년 이전의 '현실 사회주의'를 지향하는 국가 주도의 개발 시대에 대한 향수를 품은 이들도 있었지만, 무엇보다 모든 외국군의 철수와 기본적 질서의 회복, 의회 민주주의 발전이 그들의 가장 큰 희망으로 보였다. 외세들이 조종하는 대리전이 되어버린 내전이 종식될 때까지 외국에서

머물다가 내전이 끝나면 그 후에 꼭 고국에 돌아가고 싶다고 그들은 말했다. 당분간 망명의 목적은, 내전의 주체인 어느 쪽에도 징병이나 정치 보복을 당하지 않기 위함이었다.

그들의 말을 들었을 때 나는 또 다른 모습들을 떠올렸다. 바로 1950년 한국전쟁이 터졌을 때 망명을 떠나 난민이 되어야 했던 한국인들의 모습이었다. 훗날 세계적인 한국사 전문가로 성장한 제주 출신인 강재언(1926~2017)의 얼굴도 빼놓을 수 없다. 강 선생님은 1950년 동해를 건너가 '재일 조선인'이 되어 이후 남은 평생을 분단된 조국이 아닌 일본에서 보냈다. 그는 한 기고에서 자신의 도일 경위를 이렇게 설명했다.

'내가 일본으로 건너간 것은 한국전쟁 직후다. 나는 서울에서 내 고향 제주도의 4·3사건과 그 후의 학살극을 알고 있었다. 당시 스물다섯 살의 나는 도저히 이승만 정권을 지키기 위해 총질을 할 생각은 없었다.'

마르크스주의자인 강 선생님은 그때만 해도 이념적으로 북한 쪽에 더 가까웠지만, 그렇다 하더라도 동포의 가슴에 총을 겨누고 싶은 생각은 없었다. 고향 제주를 시체 더미로 만든 학살자 이승만을 위해 싸울 생각은 더욱더 없었던 것은 너무나 당연한 이치였다. 강 선생님은 그렇게 해서 70여 년 전에 일본에서 난민이 됐다. 그런데 국제 대리전이 되고 만 한국의 내전에 참전하고 싶지 않아 외국에 가서 난민이 된 이는 과연 강 선생님뿐이었을까?

전혀 아니다. 한국전쟁의 비극은 적지 않은 수의 한국인들을 국제 난민으로 만들었다. 스칸디나비아에서 잘 알려진 사례는 바로 1975년에 스톡홀름대에서 스칸디나비아 최초의 일본학 전임 교수가 된 저명한 언어학자 조승복(1922~2012)이다. 간도에서 태어난 조선의 지성인 조승복은, 한국전쟁이 발발했을 때 미국에서 박사 과정을 밟고 있었다. 강재언과 달리 마르크스주의자라기보다는 단순한 자유주의자이자 평화주의자였던 조승복이었지만, 강재언과 마찬가지로 그는 동족상잔의 현실 자체를 받아들일 수 없었다.

'중립'을 택한 그의 반전 평화 활동은 미국에서 추방으로 이어졌지만, 스웨덴의 진보 사회는 그에게 학습과 연구, 교수의 길을 열어주었다. 별세할 때까지 남북 사이에서 엄격한 '중립'을 지켜온 조승복은 남한도 북한도 방문하는 등 분단된 조국과 호흡을 같이했지만, 분단이 지속되는 바람에 통일된 조국에서 여생을 보내려는 그의 의지는 끝내 실현될 수 없었다. 몇 년이 지나면 전쟁이 종식되어 고향에 돌아갈 수 있으리라고 믿고 있는 제주의 예멘 난민들은, 과연 그들의 희망대로 평화를 되찾은 고향으로 돌아갈 수 있을까?

난민들과의 대화가 끝나고 나서도 한반도의 1950년과 예멘의 2018년을 비교해보려는 생각을 나는 계속 머릿속에서 지울 수가 없었다. 후티 반군을 지원하는 이란을 1950년의 소련이라고 생각하고, '합법 정부 지원'을 명분으로 해서 예멘을 초토화시키고 있는 사우디아라비아를 1950년의 미국이라고 생각한다면 1950~1953년 사이에 한반도에서 벌어진 대리전과 오늘날 예멘에서의 대리전은 정말로 많은 유사성을 보인다. 예멘이나 한반도는 지역적 요충지이며, 양국은 똑같이 열강의 식민주의와 인접 강대국의 간섭에 시달려왔다. 심지어 한국전쟁 시절에 한반도의 미군에 무기를 공급했던 일부 미국 군수업체들은, 오늘날에도 예멘의 사우디아라비아군에 무기를 공급하면서 계속해서 그 배를 살찌우고 있다. 동병상련의 염(念)을 충분히 가져볼 수도 있는 상황인데, 과연 그렇게도 많은 한국인들이 예멘 난민들에 대해 극히 비이성적이며 비인도적인 반응을 보였던 이유는 무엇일까?

물론 그 이유는 한두 가지가 아닐 것이다. 서구 사회에서 특히 중동권 난민에 대한 거부 반응은 많은 경우 유럽의 해묵은 기독교적 이슬람 혐오증에 기인한다. 제국주의 침략 과정에서 오리엔탈리즘(orientalism, 동양에 대한 서구의 왜곡된 비하적 인식과 태도)의 형태로 이데올로기화된 이 혐오증은, 지금도 구미권 극우 정객들에 의해서 쉽게 동원되고 이용된다. 한국에서 벌어지는 이슬람 혐오의 경우도 구미권 본위의 세계관을 지닌 친구미 엘리트들이 여태까지 다수에게 강요해온 이슬람이나 중동에 대한 무지와 편견이 가장 크게 작용한 것이 아닌가 싶다. 한국 사회에 '난민 수용 문제'라는 화두를 던진 예멘만 해도 인류 고대 문명의 발상지 중 하나이지만, 과연 한국의 세계사 교과서에서 지중해와 메소포타미아 전통을 매우 독특하게 융합시킨 고대 예멘의 힘야

르 왕국(기원전 2세기 말~기원후 6세기 말)에 대한 짧은 언급이라도 찾아볼 수 있을까?

1839년부터 영국의 식민 통치를 받았으나 가열한 항영투쟁의 끝에 1967년에 독립한 남예멘의 독립운동사나 1990년까지 이어졌던 남북 예멘 분단과 대립의 비극에 대해 같은 분단국인 한국의 교육 체계는 과연 학습자들에게 얼마나 많은 지식을 전달해왔는가? '세계화'라고 하지만 사실 한국의 교육이나 미디어 속의 '세계'는 구미권과 동아시아권에 국한되어 있다. 한국은 구미권이나 일본과 달리 제국주의적 역사를 갖고 있지 않음에도 한국의 주류적 학지(學知, 교육·지식 체계)는 제국주의 열강의 표준적 앎의 체계를 충실히 따르는 것이다.

1990년대 중반 이후로 한국에서 '세계화'는 과거의 '반공'을 대체한 새로운 '국시'로 등장했다고 할 수 있다. 시야를 한 나라의 국경을 넘어 '세계' 전체로 넓히는 것이 꼭 나쁠 건 없지만, 문제는 한국 국가와 자본이 주도해온 세계화의 형태다. 한국의 지배자들은 그들에게 일방적으로 득이 되는 '세계화'만을 원한다. 이를테면 수출 시장과 원료 공급처의 확보, 한류 등을 통한 (특히 아시아에서의) 문화적 헤게모니 쟁취, 영어 구사력이나 구미권 학위 등을 통한 한국 상류층의 문화 자본의 지속적 축적 등이 그들이 생각하는 '세계화'의 전부다.

그러나 난민을 비롯한 세계 각국의 약자들과의 연대를 지향하는 세계화야말로 한국 민중의 이해관계에 궁극적으로 합치될 것이다. 한국의 약자들도 밖에 나가면 그런 국제 연대의 덕을 볼 것이기 때문이다. 이처럼 '아래로부터의' 세계화를 추구하자면 한국 민중은 난민들을 둘러싼 오해와 편견을 씻어내고, 그 편견들이 종종 촉발시키는 집단 히스테리를 진정시킬 수 있는 능력과 지혜를 발휘할 줄 알아야 한다. 진정한 의미의 민중을 위한 세계화는 바로 세계 곳곳에서 제국주의 전쟁으로 인해 난민이 된 해외 형제자매에 대한 연대와 배려에서부터 시작된다.

우리 안의 오리엔탈리즘

나는 대학 수업에서 북한사 관련 강좌를 하나 가르친다. 그와 함께 한국 사회정치사 강의도 하고 있어서 가끔 남한과의 비교 차원에서 북한의 역사적 역정을 언급하기도 한다. 이렇게 수년간 강의를 하다가 한 가지 놀라운 사실을 발견했다. 내 강의에는 남한의 교환학생이나 유학생들도 꽤나 많이 찾아와 수강한다. 그들 중에서 북한이 1950년대 말부터 무상 교육과 무상 의료를 실천해왔다는 것을 아는 이들이 거의 없다는 사실을 발견했을 때 나는 적지 않게 놀랐다. 칸트의 정언명령이나 조선왕조의 주요 군주들, 아니면 20세기의 주요 미국 대통령들에 대해서는 알 만큼 아는, 교양이 풍부한 우수 학생들이, 북한사에 대해서만은 거의 '북맹(北盲, 북한을 잘 모르는 사람)'에 가깝다. 북한사의 긍정적인 부분들이 한국 근현대사 교과서에 나오지 않고, 언론에서도 잘 다루지 않아 그렇게 된 일면도 분명히 있다. 그런데 독재 시절과 달리 북한 관련 정보가 국가적으로 더 이상 철저히 통제되는 것도 아닌 요즘에는 인터넷이라는 정보의 바다에서 한글이 아니면 영문으로라도 원하기만 하면 북한 복지체계의 역사에 대한 이야기를 충분히 찾아낼 수 있다. 문제의 핵심은 정보 통제나 제한에 있지 않다. 그것은 관심의 축, 그리고 한국에서의 앎의 지형에 있다.

한국인 대다수가 '북맹'이 된 이유를 굳이 찾자면 레드 콤플렉스나 언론들에 의해 이루어진 여태까지의 북한 악마화 등에 있을 것이다. 한데 한국 사람들이 잘 모르는 것이 꼭 북한만도 아니다. 사실 한국의 보편적이고 대외적인 앎의 지형에는 어떤 커다란 이율배반이 내재되어 있다. 한국은 분명히 지리적으로 아시아에 위치한다. 아시아에 위치할 뿐만 아니라, 한국을 먹여 살린다는 수출의 대부분 역시 중동을 포함한 아시아로 향한다. 2018년의 경우 전체 수출액의 약 60%가 아시아로의 수출이었다. 그것뿐인가? 지금 한국에서 유학하고 있는 약 15만 명의 외국인 유학생 중에서 유럽과 북미 출신들은 약 1만 명에 불과하다. 게다가 그 상당수는 한국 동포 출신들이다. 나머지의 대다수는 아시아, 특히 중국과 베트남, 몽골 등지에서 온 학생들이다. 유학생뿐인가? 전체 국내 체류 외국인들의 대다수는 외국 국적의 해외 동포들을 포함한 아시아 출신들이며(중국 46.7%, 베트남 7.8%, 타이 7% 등) 유럽과 북미 출신들은 10%도 안 된다. 말하자면 인구적으로나 경제적으로나 한국의 '몸'은 당연히 아시아에 있다. 현실은 이러한데 '머리'는 완전히 따로 논다. 언젠가 하나의 한반도 공동체를 같이 이룰 상대인 북한이나 인구 이동, 교역, 교육 차원에서 대단히 가까운 베트남에 대해서는 잘 몰라도, 한국인들은 구미권에 대한 지식은 교양으로 철저히 배운다. 배우는 정도도 아니고 거의 내면화한다고 봐야 한다.

그 내면화 과정의 중심에는 당연히 교육이 있다. 한국은 세계와의 무역으로 먹고살지만, 한국 학교에서 세계사는 필수가 아닌 선택과목이다. 그런데 소수만이 선택하는 그 세계사 공부의 내용도, 따지고 보면 대부분 구미 역사이고, 그 외에는 주로 중국 등 일부 동아시아사만 포함할 뿐이다. 한국으로서는 동남아시아와의 교역 비중이 대미 교역 비중보다 더 크지만, 한국의 세계사 교과서에서 동남아시아의 역사에 대해서는 단편적인 언급 이상은 없다.

그렇다면 한국인의 성지(聖地)가 된 유럽과 미국, 그리고 일부 인접 지역의 역사 이외에는 세계사를 거의 안 배우는 것만이 문제일까? 북한사는 그나마 한국 근현대사의 맥락에서 아주 부실하게라도 언급되지만, 한국에서 평균적인 고등학교 교육까지 받은 사람이 예컨대 북한 문학이나 영화 등을 배웠을 가능성은 거의 없다. 같은 맥락에서 한국에서 북한 이외에 숙명적으로 가장 중요한 나라가 중국이겠지만, 세계사 수업 중에 중국사를 약간 배울 수는 있어도 중국 근현대 문학은 중·고등 교과 과정의 어느 과목에서도 찾아보기 어렵다. 믿기지 않는 사실이지만, 러시아에서는 웬만한 교양인이라면 충분히 알 만한 중국 현대문학의 거장 바진(巴金, 1904~2005)의 《가(家)》(1933) 같은 역작들을, 한국에서는 중국학 전공자들 말고는 직업 작가들조차도 잘 모른다. 이와는 대조적으로 제롬 데이비드 샐린저(Jerome David Salinger, 1919~2010)나 베르나르 베르베르(Bernard Werber, 1961~)를 모르는 한국 독서인을 상상하기는 힘들 것이다. 한국 출판 시장에서 팔리는 책의 약 4분의 1은 번역서이지만, 그중 40%가 영어 원서를 번역한 것이다. 중국 책의 번역 출판 비율은 4%쯤 되고, 동남아 서적의 번역 출판 비율은 1%도 안 된다. 학교 교육도 출판 시장도 한쪽으로 기울어져서 극도로 유럽 중심주의적 세계관이 뿌리내리도록 열심히 같이 노력한다.

학교나 출판 시장에 못지않게 언론들도 서구 중심주의적 세계관의 유포에 한몫을 한다. 세계사를 선택과목으로 만든 한국의 교과 과정도 '우물 안 개구리'들을 키우지만, 언론도 크게 다를 바 없다. 한국 주요 일간지들의 국제면 비중은 6~10% 정도이며 주요 방송사들의 국제 뉴스 비중은 10~14%뿐이다. 한국의 중앙 일간지들의 해외 특파원 수는 모두 합쳐도 80명을 넘지 못해 100여 명의 해외 특파원을 가진 영국 공영방송 BBC 한 곳의 규모에도 못 미치지만, 그나마도 그들 중 대다수는 미국과 유럽에 상주해 있으며 나머지는 중국과 일본에만 몰려 있다. 아시아에 위치한 한국이라는 나라의 언론들은, 이상하게도 중국과 일본 이외의 아시아 대부분의 나라들에 대한 보도를 영어권 주류 언론에 의존한다. 영미권 통신사나 언론의 기사를 번역하여 내보내는 식이다. 보도를 한다고 해도 남아시아나 동남아시아 등에 대해서는 주로 한국 정부나 기업의 투자나 한류의 확산 등 자국 중심의 소식들만 보인다.

보도 행태로만 보면 다른 아시아 국가들은 한국의 경제적 이용물에 불과하다는 인상을 충분히 주고도 남는다. 반대로 구미권에 대한 보도들은 현지의 문학, 연예, 사상 동향까지 포함한다. 한국의 교양인이라면 프랑스의 포스트모더니즘 철학자인 미셸 푸코(Michel Foucault, 1926~1984)나 자크 데리다(Jacques Derrida, 1930~2004)를 모르는 사람은 없을 것이다. 반면에 예컨대 중국의 신좌파 사상을 대표하는 추이즈위안(崔之元, 1963~)의 책 몇 종이 한국어로 번역, 출판되었다 해도 그를 아는 사람은 거의 극소수의 전공자들뿐이다. 한국에서는 서구 중심주의의 철저한 내면화의 결과로 구미권은 '보편'으로 여겨지고 나머지 세계는 그야말로 전문가들만 관심을 갖는 '특수'에 속한다.

무비판적 서구 추종의 결과들은 매우 심각하다. 구미가 '보편'이 되어버린 만큼 구미의 '새로운 진리'라고 하면 한국에 맞지도 않고 그다지 긍정적인 효과도 없는 담론들인데도 당장에 국내에서도 유행을 탄다. 신자유주의에 의해서 민생이 희생되는 한국 사회에는 차라리 '자유 시장'의 결점과 재분배의 중요성을 강조하는 중국 신좌파들의 경제 구상이 더 적절하겠지만, 한국 대학의 경제학과들은 정통 신자유주의 경제학자들로 메워져 있다.

미국 대학의 유행을 그대로 따르는 것이다. 학교가 여전히 커다란 병영을 방불케 하고 많은 직장들에서는 여전히 노조를 조직하려는 노동자들이 살인적 탄압을 받는 등 배움터와 일터의 기초적 민주화마저도 이루어지지 않은 한국 사회이지만, 한동안 상당수의 한국 지식인들은 질 들뢰즈(Gilles Deleuze, 1925~1995)와 펠릭스 가타리(Félix Guattari, 1930~1992)의 '욕망의 정치'나 '탈주' '유목주의' 등을 핵심 화두로 삼았다.

전체 노동자의 4분의 1이 저임금에 신음하고, 3분의 1은 비정규직 신세가 되어 기본적인 고용 안정성이나 사회적 권리들도 보장받지 못하는 나라에서는 욕망의 정치보다는 임금 착취나 노동 배제의 정치학이 사실 훨씬 더 시급한 연구 대상이 되어야 하는데, 계급론적 접근은 더 이상 구미 지역에서 유행이 아니라고 해서 한국 지식인 사회에서도 외면을 당해왔다. 서구가 최종의 진리를 상징하는 반면, 한국보다 더 가난한 아시아 나라들은 너무나 쉽게 이미 서구화된 한국이 '복음'을 선포해주거나 '개발'해줘야 하거나 경제적으로 이용해도 되는 단순한 대상으로서의 자리에 놓인다. 예컨대 북한과의 통일을 '북한의 자원과 저임금 인력을 마음껏 이용할 수 있는 기회'쯤으로 생각하는 사람들은 한국에 비일비재하다. 이것이 유럽 오리엔탈리즘의 한국식 복제판이 아니면 과연 무엇인가?

서구 중심주의는 우리 앞의 지형을 심각하게 왜곡시켜왔다. 한국이 북한과 평등한 통일을 이루고 아시아 이주민들이 인간답

게 살 수 있는 곳이 되자면 우리 안의 오리엔탈리즘으로부터 해
방되는 것이야말로 급선무다.

그때 그 '운동권'들은 다 어디로 갔을까

지금으로부터 31년 전인 1991년 처음으로 한국에 왔을 때 나는 '미군 철수'를 외치는 대학생 시위대를 몇 번이나 봤다. 당시 '미군 철수'는 꽤나 흔한 구호였다. 그때 그 구호를 외친 자칭 '애국애족' 학생들은 지금 과연 어디에서 무엇을 하고 있을까? 아마도 그중의 일부는 오늘날 청와대에서 한-미 동맹을 강화할 외교 일정을 관리하거나 지난번 문재인 대통령의 공식 방미 성과를 두고 '한-미 동맹의 신기원'과 같은 논조의 기사를 여러 신문사에서 쓰고 있을 것이다. 문 대통령이 그동안 해온 대미 외교는 성과가 많았던 것이 사실이지만, 이를 보도하는 기사들에서 한-미 동맹의 본질적 문제점들에 대한 고민을 찾기가 힘들었다. 과연 이제는 확고한 한-미 동맹 강화론자가 된 과거의 그 '운동권'들은, 조금이라도 과거에 자신들이 했던 주장을 되새겨보고 그 주장의 논거들이 지금도 유효할 수 있는지 고민해볼 생각이 있을까?

30여 년 전에 '운동권 학생'들의 분노를 산 것은 한-미 동맹의 가시적인 비대칭성이었다. 국가 주권은 핵심적인 근대적 가치 중의 하나인데, 한-미 동맹은 한국의 국가 주권에 대한 상당한 침해로 보일 정도로 불평등해 보였다. 실제로 미군은 1994년 이전까지 전시작전통제권은 물론이고 한국군의 평시작전통제권까지 장악하고 있었다. 현재는 다소 완화되었지만 한-미 동맹의 본질적인 불평등은 여전하다. 예컨대 한국의 대북 정책을, 한국의 국민이 선출한 대통령은 일일이 미국과 조율해나가야 하지만, 미국은 예컨대 대중국이나 대러시아 정책에서 한국 정부의 의견은 듣는 척도 하지 않고, 할 필요도 느끼지 않는다. 미국이 요구한 한국군 해외파병을, 한국 정부는 2003년 12월 노무현 정권이 이라크 파병을 재가한 이후로 사실상 한 번도 거절한 적이 없다. 2003년 당시 문재인은 노무현 정권의 민정수석으로서 이라크 파병에 반대한 것으로 알려져 있지만 그 문재인은 2020년에 대통령으로서 호르무즈해협 파병에 찬동했다. 아니, 찬동할 수밖에 없었다는 표현이 차라리 맞을 것이다. 한-미 동맹의 본질적 구조상 그런 상황에서 미국에 '노'라고 하는 건 실질적으로 불가능에 가깝다.

　　혹자는 철석같은 안보를 위해서라면 불평등한 동맹과 주권 제한을 용인하는 것도 나쁘지는 않냐고 반문할 수도 있을 것이다. 물론 주권을 절대시할 필요야 없지만 주권 제한의 상황은 장기적으로 상당한 위험성을 내포한다. 동맹의 상위 동반자인 미국이 동북아에서의 현상 유지를 바라는 이상, 한-미 동맹은 동맹의 하위 동반자인 한국의 안보를 보장해준다고 말할 수 있다. 하지만, 미국이 국제적으로 그 위상이 제고된 중국을 견제하는 등 현상 유지 이외의 다른 목적을 선포하는 순간, 하위 동반자인 한국의 입장은 절로 곤란해진다. 지난번 한·미 양국이 정상회담 공동성명에서 대만 문제를 처음 언급한 데 대해 중국이 강력하게 반발하고 나선 것은 이 사실을 웅변적으로 잘 보여주었다. 중국이나 한국의 시각에서 대만 문제는 중국 내부 문제에 해당하겠지만, 미국 입장에서는 대만 단독정부 지속의 보장이 중국 견제 전략의 일환이다. 이 문제에서는 한국과 미국의 입장이 서로 다르지만, 대북 관계의 진전에 미국의 동의를 이끌어내려는 한국 정부는 부득불 동북아 지역 전체에 관계되는 문제에서 싫든 좋든 미국의 시각을 그대로 공유해야 하는 것이 현 한-미 동맹의 구조다. 과연 앞으로 중-미 대립이 현재보다 첨예화할 경우, 이와 같은 동맹의 구조는 한국이 또 어떤 외교·무역 차원의 불편함과 위험을 감수하게 만들 것인가?

30여 년 전에 '운동권'과 대립했던 보수 진영은 한-미 동맹의 가장 중요한 존립 근거로 '북한 위협'을 들곤 했다. 이는 북핵과 미사일 때문에 지금도 종종 반복되는 주장이지만, 또 한편으로는 북한의 명목 국내총생산(약 35조 3,000억 원으로 추산) 전체가 한국의 2021년 국방 예산(52조 8,401억 원)의 70% 정도밖에 되지 못한다는 것도 잘 알려진 일이다. 2021년 현재 한국의 군사력은 세계 6위로 평가되지만, 북한은 28위다. 즉, 주로 대미 방어용인 핵과 미사일을 고려하더라도 '대북 억제력' 차원에서 현재와 같은 미군의 국내 주둔까지 포함하는 한-미 동맹이 꼭 필요하다는 말은 아무래도 '무리한 주장'으로 들릴 수 있다. 그렇다면 젊은 시절 '미군 철수'를 외치며 시위에 나섰던 오늘날 한국의 자유주의적 정치인들이 한-미 동맹 강화 노선을 채택하는 진정한 이유는 무엇일까?

　대부분의 분석가들은, 과거에 중국 중심의 조공 체제에 편입되어 있다가 벗어났거나 중국 계통의 인구가 많은 중국의 주변 국가들이 중국 '부상'에 대비하는 차원에서 최근 군사 부문을 포함한 대미 협력에 힘을 싣는 것이라고 본다. 한때 미국의 침략으로 황폐화된 베트남도 10여 년 전부터 미국과의 군사 협력을 시작했으며, 2016년 이후 미국으로부터 무기 구입을 할 수 있게 됐다. 싱가포르도 2015년부터 미국과 확대된 군사 협력 협정서를 체결해 미군 정찰기의 싱가포르 군사 비행장 이용이나 미국 군함의 정박 등을 용인하고 있다. 전통적으로 미국이 아닌 영국에 의존해온 말레이시아도 최근에 미국의 첨단 무기를 대량으로 구입하는 등 중국의 부상에 대비해 일종의 '보험'에 가입하는 모습을 보이는 중이다. 즉, 한국뿐만 아니라 역내의 일부 다른 국가들도 중화주의 내지 중국의 지역적 헤게모니 부활 가능성을 의식해 미국에 좀 더 적극적으로 접근하는 모습을 보인다. 그런데 한국과 달리 싱가포르나 말레이시아, 베트남은 미국과 중국이라는 두

초강대국 '사이'를 훨씬 더 효율적으로 항해하면서 양쪽에서 실익을 챙길 수 있다. 동남아시아의 이 세 국가는 미국과의 군사 관계를 보강하는 한편, 중국과의 군사 관계도 유지하고 있기 때문이다. 배타적 '동맹'인 한-미 관계의 현실에서는 거의 상상하기 어려운 형태다.

오해는 하지 말기 바란다. 나는 현재 시점에서 한-미 동맹의 '해체' 같은 것이 현실적으로 가능하다고 생각하지는 않는다. 한국군 등의 미군과의 유착 정도도 쉽게 끊지 못할 만큼 매우 강고하고, 여론조사마다 90% 이상의 한국인이 한-미 동맹 지지를 나타내는 것도 현실이다. 이 현실을 직시하면서 한-미 동맹의 문제점도 아울러 진지하게 고려해볼 필요가 있다. 자칫 중-미 갈등에 한국까지 불필요하게 휘말릴 가능성도 있을뿐더러, 현재와 같은 한-미 동맹 구조 속에서 남북한의 신뢰 구축과 상호 군축, 나아가 느슨한 국가 간 연합 같은 형태의 통일의 길이 과연 열릴 수 있을지 의문이 들지 않을 수 없다. 아무리 한-미 동맹 강화론이 대세라 해도 이 동맹에 대한 문제의식을 포기해서는 안 된다.

신민족주의 파도, 세계를 삼키다

지난 2018년 8월에 세계철학대회 참석차 잠깐 중국 베이징에 들른 적이 있었다. 얼핏 보면 각국에서 온 참석자보다 경찰들이 더 많아 보여 적지 않게 놀라기도 했다. 그러나 나를 더 놀라게 한 것은, 등록 접수처 바로 뒤에 걸린 '사회주의 핵심 가치관'이라는 커다란 표어였다.

　그 '핵심 가치관'은 열두 항목으로 구성되어 있었는데, 맨 처음 항목은 다름 아닌 부강(富强)이었다. 사회주의를 개인적 신념으로 삼고 살아온 나로서는 내 눈을 믿기가 힘들었다. 비록 '사회주의 핵심 가치'로서의 '부강'을 중국이 공식적으로 'prosperity', 즉 '번영'이라고 영역한다 해도, 사실 '부강'이란 제국주의 시대의 '부국강병(富國强兵)'의 준말이라는 것은 누구나 쉽게 알 수 있다. '부강'을 강조했던 이들은 수차례의 대외 침략을 감행한 메이지 시대(1868~1912)의 일본 정부나, 일본을 벤치마킹해서 중국을 개혁하고자 했고 구한말의 조선에서도 그 명성이 자자했던 량치차오(梁啓超, 1873~1929) 같은 사상가들이었다. 다만 량치차오는 중국에 사회주의가 시기상조라고 생각하고 그저 국민국가로서의 중국의 '부강'을 열망했을 뿐이다. 이와 같은 역사적 맥락을 가진 '부강'은 과연 언제부터 '사회주의 핵심 가치'로 둔갑했을까?

100년 전의 망령들이 이 시대에 부활하는 것은 비단 중국뿐일까? 몇 년 전에 일본 자민당 계열의 문부과학상인 시바야마 마사히코(柴山昌彦, 1965~)가 1890년에 메이지 정부가 반포한 교육칙어(敎育勅語)에 대해서 보편적 가치가 있다고 하면서, "동포를 소중히 여기는 등의 기본적인 내용에 대해서는 현대적으로 재구성해서 가르치려는 움직임이 있는데, 검토할 가치가 있다"라고 했다. 이는 장관 개인의 '의견'이라기보다는 교육칙어의 일부분을 현대화해서 학교에서 가르쳐야 한다는 그 당시 아베 내각의 결정을 반영한 것이다. 그러나 식민지 시대 조선인들도 학교에서 외우기를 강요받았던 교육칙어의 내용에 대해서 시바야마 문부과학상은 거짓말을 했다. 아무리 찾아봐도 교육칙어의 텍스트에서 '동포'같이 수평적인 관계를 함의하는 단어들은 보이지 않는다. 오로지 '신민(臣民)'들이 나타날 뿐이다. 교육칙어에는 그 신민들이 유사시에 "의용(義勇)을 다하여 봉공(奉公)함으로써 천양무궁(天壤無窮)한 황운(皇運)을 지켜야 한다", 즉 몸을 내던져 천황의 국가를 위해 죽어야 한다는 이야기도 들어 있다. '부강'과 '사회주의'가 서로 무관하듯이, 근대 민주주의와 몸을 내던져 '황운을 지키라'고 훈화하는 것 사이에는 아무런 관계가 없다. 도대체 한반도의 서쪽과 동쪽에서는 지금 어떤 사상적인 변화의 움직임들이 나타나고 있는 것일까?

아베 신조의 외조부인 기시 노부스케(岸信介, 1896~1987)는 만주국 고위급 관료로서 군국 일본의 중국 침략에 앞장섰던 반면, '사회주의 핵심 가치관'을 제창하는 시진핑(習近平, 1953~) 아버지 시중쉰(習仲勳, 1913~2002)은 일제 침략에 맞서 싸운 투사였고, 국가의 '부강'보다 '민생'을 더 중시한 나머지 마오쩌둥으로부터 여러 차례 박해를 받은 사회주의자였다. 그러나 여기에서 문제는 지도자 개개인의 성향이라기보다는 세계 각국에서 감지되는 자본주의 체제 전체가 보이는 '신민족주의(neo-nationalism)'라는 경향이다. 그렇다면 신민족주의는 과연 동아시아만을 강타하는가? 전혀 그렇지 않다.

세계 체제에서 서로 위치가 판이하게 다른 핵심부 미국과 준주변부 국가인 러시아, 터키 등지에서 '강력한 지도자'들이 '우리 대국의 부활'을 외치면서 기염을 토한다. 세계에서 가장 살기 좋은 나라 중 하나로 꼽히는 스웨덴에서마저도 이민자들을 더 이상 절대 받아들이지 말아야 한다는 극우 '스웨덴민주당'이 지난 2018년 총선에서 17% 이상의 득표 결과를 보여 세계를 놀라게 했다. 아니, 놀랄 일도 사실 없다. 대부분의 유럽 국가에서 극우들이 10%(독일의 '독일을 위한 대안')부터 37%(폴란드의 '법과 정의당')까지 약 10~30%대의 결코 적다고 할 수 없는 지분을 안정적으로 확보하고 있기 때문이다. 도대체 어떻게 해서 폴란드에서부터 일본에 이르기까지 신민족주의의 파도가 전 세계를 집어삼키게 된 것일까?

이 역시 놀랄 일이 아니다. 극우들이 극성을 부렸던 1930년대와 마찬가지로 오늘날 자본주의의 대대적인 위기가 민족주의 광풍을 가져온 것이다. 전후 호황이 끝난 지 이미 40여 년이 지났고, 그때 만들어진 이래로 근근이 그 근간이라도 이어왔던 복지 체계는 1980년대 이후의 신자유주의적 개악들과 2008년 공황 이후의 긴축정책 등에 의해 뿌리부터 흔들렸다. 그나마 다수의 중국인들에게 희망을 주었던 고속 성장이 이미 6%대로 한풀 꺾였고, 부실한 복지망에도 불구하고 한때 노동자들에게 '종신고용' 의 단꿈을 안겨주었던 일본은 이제 비정규직 비율이 약 37%나 된다. 차세대 노동자들이 고용 불안과 저임금, 그리고 높은 주거 비용에 맞닥뜨리며 사회 진출에 큰 고통을 느끼지만, 자본가들도 세계 시장의 포화와 이윤율 저하로 고심한다. 노동자이자 세입자 이기도 한 사람들을 괴롭히는 주거비 인상의 근본적 이유 중 하나는 부자들의 돈이 이윤 마진이 떨어진 제조업으로 향하는 대신 대거 부동산 투기에 몰리기 때문이다.

자본주의적 메커니즘이 고장 날 때마다 대중들은 자연스럽게 급진화된다. 미국의 버니 샌더스나 영국의 제러미 코빈이 구가한 한때의 인기 상승이나, 한국의 20대 사이에서 진보 정당에 대한 관심이 고조되고 있는 현상들은 바로 이 경향을 대변한다. 그러나 1930년대와 마찬가지로 좌파적 대중 동원 못지않게 극우적 대중 동원의 그림자도 짙어져간다. 좌파는 1936~1938년의 프랑스 인민전선처럼 재분배의 활성화와 일부 생산 시설의 사회화를 제시하지만, 극우들 역시 1930년대와 크게 다르지 않게 '민족 국가'와 '민족 경제'로의 회귀를 요구한다. 1930년대 후반과 달리 여러 극우 정권이 아직까지는(!) 세계 규모의 침략 전쟁을 발발시키지 않았다는 것이 그나마 약간의 위안이 되는 차이인데, 불행히 이 역시 시간문제일 수도 있을 것이다.

1930년대 파시스트들처럼 신민족주의자들은 자본에도 노동에도 당근을 던진다. 물론 자본에 던지는 당근의 크기가 가장 크다. 기업세 인하나 양적 완화, 대대적인 기간 시설 확충 프로젝트부터 트럼프가 노골적으로 시도했던 보호무역으로의 귀환까지, 자본은 공격적·경쟁적인 성장주의 의제의 수혜자가 된다. 언론에 대한 통제 강화 등 각종 권위주의적 시책으로 오명을 얻은 신민족주의의 대표 격인 헝가리의 빅토르 오르반(Viktor Orban, 1963~) 총리는 누진세율 대신 빈부와 상관없는 15%의 일률 과세율을 도입해 부자들의 세금을 크게 깎아주기도 했다. 헝가리뿐만이 아니다. 전형적 신권위주의 국가인 러시아와 카자흐스탄, 벨라루스 등은 모두 10~13%의 비교적 낮은 일률 과세율로 신흥 부유층의 자본 축적을 열심히 돕는다. 이와 함께 총자본에 도움이 되는 것은 군수기업들을 지원하는 경향적인 군비 인상이다. 지난 20여 년 동안 계속 증가해온 세계의 군비는, 지금 이미 냉전 말기의 수준을 상회한다.

고전적인 파시즘처럼 신민족주의는 근본적으로 친자본 정책이다. 그런데 '민족 단결'을 주장하는 극우 세력의 경우, 기반을 다지기 위한 차원에서 '우리 민족/국민'에 한정하여 각종 포퓰리스트적(대중의 인기에 영합하여 목적을 달성하려는 정치 행위) 제스처를 취하기도 한다. 그 결과, 취직 시장에서의 경쟁자로 오인될 수 있는 이민자와 피난민 등과 함께 여태까지 대중적 편견의 대상이 되어온 각종 소수자들이 탄압을 받게 된다. 배외주의적 '국민 동원'과 군사주의적 대결 등으로, 다수의 실질소득이 제자리걸음하거나 떨어지는 상황에서 피지배층의 민심을 얻으려 하는 것이다.

상당수의 피지배층이 이와 같은 국가주의적 선동에 넘어가는 이유는 신자유주의를 제대로 저지하지 못한 좌파 내지 중도 자유주의 세력에 대한 환멸 때문이다. 이 부분은 한국에 시사하는 바가 크다. 문재인 정권의 사회·경제 정책 실패의 결과로 국내 대중의 민심은 얼마든지 다시 우향우 할 수 있고, 이미 그런 조짐들이 보이고 있다. 평화 정책 못지않게 재분배 정책을 대폭 강화하는 데 정부가 당장 적극적으로 나서야 할 이유이기도 하다.

'그들'이 언젠가 '우리'처럼 될 거란 착각

중국의 자유주의 지식인 류샤오보(劉曉波, 1955~2017)가 노벨평화상을 수상한 것은 12년 전이다. 감옥에 있는 활동가가 노벨상을 수상한다는 것은 자못 파격적인 일이었다. 그가 감옥에 간 이유는 소위 '08헌장'을 기초(起草)했기 때문이다. 그가 상을 수상하자 노르웨이 신문들은 이 헌장을 '중국 민주화의 선언문'이라고 일컬으며 커다란 의미를 부여했다. 나는 그토록 중요한 문서라면 반드시 읽어야 한다고 생각해 그 원본을 유심히 봤다.

그러나 다 읽고 난 뒤에 나는 경악을 금치 못했다. '헌장'은 단순히 다당제 도입만을 요구하지 않았다. '재산 보호'라는 항목을 따로 마련해서 '개방적 시장경제 제도'의 확립과 토지 사유화까지 요구했다. 토지가 사유화되면 토지를 잃고 유랑민이 될 농민들을 국가가 어떻게 책임질 것인가에 대한 명확한 설명은, 그 헌장에 없었다. 헌장을 읽고 나서 류샤오보의 기고문과 인터뷰 자료 등을 이것저것 읽기 시작했는데, "영국 식민 통치 덕분에 성립된" 홍콩의 '근대성'을 극찬하면서 "중국을 홍콩같이 문명적인 곳으로 만들자면 300년간의 식민 지배가 필요하다"는 식의 발언들을 접하고 다시 한 번 엄청나게 경악했다.

그러고 나서 나는 내 블로그에 그에 관한 글을 써서 올렸다. 식민지 근대화론을 지지하는 신자유주의 신봉자라 하더라도 감옥에 집어넣는 것은 당연히 옳지 않지만, 이런 유의 자유주의 지식인들이 만에 하나 중국에서 집권한다면 오늘날과 같은 일당독재보다 더 큰 재앙을 불러오지 않을까 하는 취지의 글이었다. 그러나 그 글을 쓴 뒤에 수많은 국내 진보 지식인들로부터 비판을 받았다. 왜 독재 세력을 비호하고 민주화 인사를 비난하느냐는 요지의 비판이었다.

이런 비판을 낳은 논리 구조는 한국 사회에 널리 퍼져 있다. 이 논리는 한국의 역사를 '정상'으로 상정하는 한편, 한국과 역사적 궤도가 다른 대륙 '후진국'들을 '비정상'으로 간주한다. 이 논리에서는 '우리처럼' 다당제 대의제를 이루는 것이 역사의 정도(正道)다. 반면 이처럼 되지 못한 중국이나 북한, 러시아 같은 나라는 '아직도 민주화를 이루지 못하는 후진국'으로 취급된다. 아울러 중국의 공산당 내지 북한의 노동당 통치, 아니면 푸틴의 관료 통치는 '우리들의 60~80년대', 즉 한국의 군부독재와 동일시된다. 이와 같은 논리는 '민주주의를 달성한 우리의 성공'과 '아직도 과거의 우리 군사독재 같은 억압을 받고 있는 저들의 미성숙'

을 대조시키는 유아독존의 자만 의식으로 직결된다.

자만은 늘 위험하다. 그리고 과거를 제대로 읽어내지 못하면 미래 예측까지도 그르칠 위험성이 있다. 북한이 '붕괴된다'든가, 중국이나 러시아가 언젠가 '우리처럼 민주화'될 수 있다는 식의 근거 없는 가설들은 잘못하면 어긋난 정책적 판단으로 이어진다. 향후 북한이나 대륙 국가들의 역사적 궤적이 단순히 '우리처럼' 될 일은 없다. 그들은 우리와 질적으로 다른 근대화의 길을 꾸준히 걷고 있을 뿐이다.

한국과 중·북·러 사이의 근원적 차이는 '혁명'이라는 근대의 태생적 사건에서 비롯된다. 이 땅에서 이루어진 1987년 이후의 절차적 민주화는 해방 직후에 이루어졌어야 할 혁명, 즉 친일 세력 청산과 엘리트 교체의 실패에 대한 뒤늦은 역사적 '보상'이었다. 따라서 한계는 분명했다. 미국의 군사 보호령으로서의 한국의 지정학적 지위나 일제 내지 미국과의 관계 속에서 부를 축적한 재벌의 사유권을 인정하지 않는 정치 세력은 한국에서 주류가 될 수 없다. 대미 종속 관계나 재벌의 부가 위협에 처하는 순간 헌정이 중단될 것은 불 보듯 뻔하다. 그리고 강경 우파가 집권하든 중도 자유주의자들이 집권하든 경제 정책이 재벌의 이해관계를 최우선시하는 것도 한국 사회의 실제적 지배자들이 애당초에 제한적 민주화를 허용한 하나의 조건이었다.

혁명이 실패한 한국에서 재벌은 국가 위에 군림한다. 반대로 혁명을 겪은 중·북·러 국가들 같은 경우에는 국가가 기업들을 지배하는 판이다. 혁명을 계기로 해서 만들어진 국가는 애당초에 기업을 필요로 하지도 않았다. 오늘날의 중·북·러를 낳은 원천적 사건인 1917년 러시아혁명의 애초 목표는 세계혁명과 국가의 사멸이었다. 그러나 이 계획은 바로 수정되어야 했다. 알고 보니 러시아보다 훨씬 더 높은 생활수준을 향유했던 구미권의 노동세력은 세계혁명과 국가의 사멸보다 참정권과 복지국가라는 체제와의 타협을 원했던 것이다.

애초에 수립한 목표의 달성이 불가능해지자 그다음 목표는 구미권의 투자·기술에 대한 종속을 피할 수 있는 자주적인 근대화였다. 그런 근대화 없이 혁명 국가들은 단명에 그칠 수밖에 없었다. 자주적 근대화는 고도의 내부자원 총동원을 요구했으며, 시장을 대체하는 국가 동원 체제의 수립을 가져왔다. 내부자원이 풍부한 러시아와 미·일·한으로부터의 위협에 노출되어 있었던 북한은 이 길을 60년 가까이 걸었다. 하지만 인구가 과밀해 농촌에서 수취하여 공업에 투자할 수 있는 잉여가 적은 데다가 이미 1972년에 미국과 화친을 맺은 중국의 경우 내부자원 동원에 의한 근대화 전략은 30년 만에 막을 내렸다. 이 전략으로는 한국이나 일본, 대만 등을 추격할 수 없다는 사실이 분명해질 무렵, 중국 지도부는 방향을 수정했던 것이다. 중국이 1980년대 이후에 먼저 발명했고, 러시아가 2000년대 초부터, 그리고 북한이 최근에 수용한 새로운 전략은 바로 국가 관료 자본주의다.

이 전략은 구미권의 자본·기술 도입에 의한, 한국과 같은 고속 개발을 일단 허용한다. 그런데 재벌이 국가를 통제하는 한국과 달리 중·북·러의 경우 국가가 기업을 통제한다. 상당수의 전략적으로 중요한 대기업들은 아예 국유로 남아 있다. 국민총생산에서 국유 기업이 차지하는 비중은 러시아의 경우 약 40%, 중국의 경우 약 30% 정도다. 사기업이라 하더라도 사실상 국가의 지휘·감독을 받는다. 국가는 당(중국·북한)이나 공무원 조직(러시아)을 통해 소외 계층에게 일정 정도 신분 상승의 기회를 제공하면서, 첨단 부문에의 집중적인 전략 투자를 통해 구미권과의 기술 격차를 극복해 국가 주권을 사수한다. 구미권으로부터의 완전한 자주성 획득은 불가능해도 적어도 주권만큼은 사수하는 것이 이와 같은 체제의 궁극적 존재 명분이다.

대륙형 국가 관료 자본주의라 해도, 밑으로부터의 생존권 투쟁은 하루도 쉬지 않고 이루어진다. 동아시아에서 파업 투쟁이 가장 치열한 곳은 바로 중국이다. 러시아의 경우 국민들로부터 가장 지지받는 야당은 더 높은 수준의 국가적 경제 관리와 좀 더 치열한 반미 외교를 외치는 연방공산당이다. '자주' '주권' 같은 화두를 중심으로 살아온 사회들에서 2003년 미국의 이라크 침략까지 지지한 류샤오보 식의 논리는 과연 사회적 헤게모니를 얻을 수 있을까? 중·북·러의 민중이 저항한다 해도 그 방향은 일부 친서방 지식인의 교과서적 자유주의와 사뭇 다를 것이다. 그리고 충분한 민족주의적 명분을 갖고 있는, 이미 공고화된 국가 관료 자본주의 모델이 '붕괴'를 맞거나 그 체질이 크게 바뀔 일은 없을 것이다. '그들'이 언젠가 '우리'처럼 될 것이라는 자만에 찬 착각을 우리부터 버렸으면 한다.

일본의 극우를 정말로 이기려면

현재 런던 시장은 2016년에 이어 2021년에도 재선에 성공한 사디크 칸(Sadiq Khan, 1970~)이다. 그의 이름은 전형적인 영국 이름으로 들리지 않을 것이다. 맞다. 그는 파키스탄 출신 부모를 가진 이민 2세다. 사디크 칸은 미래의 국무총리감이라고 할 수 있는 수도 런던의 시장이 되기 전에는 국회의원과 내각 각료 등을 지냈다. 옛 식민지 출신이 과거 식민 '모국' 수도의 시장이 되었다는 것이 좀처럼 예사롭지 않아 보이지만, 사실 영국에서 옛 식민지 출신 정치인들은 흔하다. 영국 국회 하원 의원 650명 중 52명은 옛 식민지 출신의 종족적 소수자들이다. 이 숫자는 대체로 옛 식민지 계통 주민들이 영국 전체 인구에서 차지하는 비율에 비례한다. 물론 이와 같은 소수자들의 정계 진출이 투쟁 없이 이루어진 것은 아니다. 1981년에 벌어진, 인종주의로 악명이 높은 영국 경찰과 소수자 사이의 '인종 폭동' 난투극 등으로 소수자들의 저항에 충격을 받은 영국의 권력자들은, 소수자들의 급진화를 예방하기 위해서라도 그들 사회의 엘리트들을 기존의 제도 안으로 끌어들여야 한다고 판단했다. 그러나 그런 판단과 실행으로 좌우 간 차별 문제 등이 완전하게 해소되지는 않았다. 그럼에도 영국에서 대대로 살아온 옛 식민지 출신들이 스스로를 권력으로부터 소외된 난민으로 여기기보다는 권력을 나누어 가질 수 있는 시민이라고 인식하는 것은 사실이다.

　제국주의 유산을 완벽하게 청산한 옛 식민 종주국이란 없다. 영국만 해도 문제투성이다. 8년 전 한 여론조사에서 영국인 응답자의 59%가 "자유와 민주주의 같은 가치를 확산시킨 대영제국의 역사"에 "자긍심을 느낀다"라고 말한 반면, "제국주의적 과거에 수치심을 느낀다"라고 응답한 사람은 19%에 그치고 말았다. 다수자들의 여론이 이렇다 보니 2005년 당시 재무장관이었던 고든 브라운(Gordon Brown, 1951~)처럼 가끔가다가 "대영제국에 의한 민주주의 가치의 세계화"를 긍정적으로 언급하는 식의 말도 안 되는 친제국주의적인 발언들을 하는 정치인들이 있기도 하다. 그래도 사실관계가 분명한 제국주의적 대형 범죄(예컨대 3·1운동보다 약 한 달 늦은 1919년의 암리차르 학살)를 부정하는 망언들을 정계에서 듣기는 쉽지 않다. 아무리 보수적 정객이라 해도 옛 식민지에서의 여론과 영국 내부의 소수자들의 시선, 그리고 제국주의의 범죄성에 대해 어느 정도 합의된 의견을 통념적으로 공유하고 있는 주류 학계를 고려해 말을 잘 걸러서 해야 한다.

군이 계량화해 '과거사 청산'을 두고 옛 식민 종주국들에 점수를 매긴다면 영국을 비롯한 유럽 각국도 디(D)나 이(E) 수준을 면하기는 힘들 것이다. 영국을 현재와 같은 부국으로 만드는 데에 시초가 되었던 축적의 가능성을 제공한 노예무역 피해자들의 후손들에게 공식 사죄와 배상을 하지 않는 것부터 커다란 감점 요인이 될 터다. 대영제국의 노예무역은 1833년에 전면 금지되었다고 하지만, 반인륜적 범죄에 시효란 없다. 그런데 영국이 E를 맞는다면, 일본은 아예 에프(F, 낙제)를 받아야 할 것이다. 2019년 여름, 반도체 소재 등의 수출 규제와 같은 무역 보복 사태에서도 명확히 보이듯이 일본은 식민지 과거 청산에도, 옛 식민지 주민들과의 관계 회복에도 완전히 실패했다. 이 역사적 실패는 옛 식민지 피해자들도 분노하게 만들지만 사실 일본 본국의 국운에도 어두운 그림자를 드리우고 있다. 일본같이 자민족 중심의 폐쇄적 사회가 인구 감소의 시대에 불가피하게 자국으로 유입될 새로운 이민자들을 통합할 수 있을는지 나로서는 극히 의문이다.

탈식민화 이후에 대부분의 옛 제국들은 몇 년 동안이라도 옛 식민지로부터의 이민을 허용했다. 사디크 칸의 부모들도 이런 과정을 통해 런던에 와서 정착한 것이었다. 일본은 그 반대로 한국이나 대만으로부터의 새로운 이민을 막은 것도 모자라, 이미 일본에 와 있던 옛 식민지 출신들의 국적을 박탈해 피차별 난민으로 만들고 말았다. 옛 식민지 출신들의 정계 진출이 아주 예외적으로 이루어진다 해도 늘 각종 '이지메(イジメ, 집단 따돌림)'가

따라붙는다. 예컨대 이민자 출신이 도쿄 도지사가 된다는 것은 상상하기도 힘든 이야기다. 일본에 귀화한 재일 조선인 아라이 쇼케이(新井 将敬, 한국 이름은 박경재, 1948~1998)가 36년 전에 선구적으로 일본 국회의원이 되었을 때, 차후 도쿄 도지사가 된 이시하라 신타로(石原慎太郎, 1932~)와 같은 극우파들은 "이 사람이 한국의 국익을 선택할지 일본의 국익을 선택할지 알 수 없다"라는 식의 인종주의적 차별 발언을 쏟아내며 괴롭혔다. 결국 아라이는 자살로 내몰리게 됐다. 지금도 일본 정계에서 소수자의 대표들은 극히 예외적이다.

유럽에서는 역사적으로 잘 알려진 개별적인 제국주의 범죄들을 부정하는 망언들을 우파 진영에서도 쉽게 하지 않지만, 일본에서 일본군 성 노예제 등과 관련된 망언들은 보수 정계의 '일상사'다. 두 세기 전의 노예무역도 아니고, 지금도 생존자들이 살아 있는 70여 년 전의 강제징용과 노예노동마저도 일본은 사과도 배상도 하지 않고 있다. 독일의 폭스바겐과 지멘스 등은 이미 20여 년 전에 전시 강제징용, 노예노동 피해자들에게 사과하고 배상을 했는데, 일본 업체들은 그 전례를 애써 무시하고 있다. 독일 정부와 기업들은 구체적 피해자들을 개인으로서 배상해왔지만, 일본은 1965년에 한국 시민들을 어디까지 대표할 수 있는지 쉽게 단정하기 어려운 군사독재 정권을 상대로 배상도 아닌 경제협력 자금과 차관을 건넨 것을 두고 '청구권 말소'라고 본다. 개개인의 존엄 회복권과 반인륜적 범죄에 대한 배상권, 총체적으로 이야기하면 개인의 인권을 전적으로 무시하는 이런 태도가 피해자와 그 후손들에게 공분을 사는 것은 자연스러운 일이다. 영국이나 독일의 식민주의, 전쟁 범죄와 관련한 사후 처리도 결코 성공적이라고 할 수는 없지만, 일본만큼 피해 지역과의 관계 회복에 실패한 경우는 세계적으로 드물다. 일본의 바람직한 지역적 미래를 막고 있는 이 문제를, 일본 시민사회야말로 적극적으로 나서서 풀어나가도록 노력해야 할 것이다. 국익을 '시민 다수의 이해관계'로 해석한다면 아시아 대륙으로부터의 정서적인 고립은 일본의 국익에 정면으로 위반되기 때문이다.

　사실 아베 신조 전 총리나 일본의 극우들과 무관한 일본 기업 종사자들에게까지 피해를 줄 여지가 있는 불매운동보다, 아베에게 저항할 수 있는 일본 사회의 운동 단체들과 연대하고, 그들에게 힘을 실어주는 것이야말로 아베의 망동을 극복하기 위한 최적의 전략이었을지도 모른다고 나는 생각한다. 불매운동에 나서는 사람들의 정서를 십분 이해할 수는 있지만, 아베 정권의 폭주를 막았어야 할 주역은 어디까지나 한국 사회가 아닌 일본 사회여야 했다고 본다. 한국 사회로서 제일 중요한 과제는 아베의 일본을 따라가지 않아야 한다는 것이다. 아베의 일본은 피해자들에 대한 사과와 배상에 실패했지만, 대한민국은 예컨대 베트남에서 저지른 한국군의 학살과 성범죄에 대해 공식적으로 사과하고 배상하면 좋을 것이다. 일본은 소수자들의 통합에 실패했지만, 대한민국은 이주민의 절반 이상이 차별에 시달리고 있다고 응답

할 정도로 열악한 오늘날의 상황을 제대로 개선해나가는 것이 하나의 큰 쾌거가 될 것이다. 아베와 그 후계자들의 일본처럼 되지 않는 것이야말로 자민당 극우파 통치하의 일본에 대한 진정한 승리다.

'혐중'을 넘어: 균형 잡힌 중국관을 위해서

내가 한국에 처음 간 것은 1991년이었다. 당시 내가 다녔던 고려대의 총학생회장은 최홍재였다. 훗날 전향해서 현재 뉴라이트로 활동하는, 바로 그 최홍재다. 그러나 그때만 해도 최홍재의 총학생회 지도부가 발행하는 국제 정세 관련 자료를 보는 것은 무척 흥미로웠다. 나는 그들의 좌파 민족주의적 이념을 공유하지는 않았지만, 걸프 전쟁을 계기로 해서 세계적 일극 체제를 지향했던 '미 제국주의'에 대한 그들의 분석은 상당히 읽을 만했다. 붕괴를 향해 가던 과정에서 미국 패권주의에 대한 비판 의식을 잃었던 말기의 소련과, '반미 자주'라는 내용의 커다란 플래카드가 학생회관에 걸려 있었던 대한민국의 캠퍼스는 나의 인식에서 그야말로 대조를 이루었던 것이다.

　이후 한국 대학가의 운동권도 머지않아 덩달아 붕괴되었지만, 미국 패권주의에 대한 비판 의식은 그 뒤에도 지속적으로 남아 있었다. 2002년 효순이, 미선이의 억울한 죽음이 촉발한 촛불 시위들 속에서 탄생한 노무현 정권이 이라크 파병을 결정하자 그 지지층이 반 토막 났다는 사실만 봐도 미국의 침공에 공범 행위를 감행하는 것이 한국 정치인으로서 당시만 해도 얼마나 위험한 결정이었는지 알 수 있다. 2008년 촛불 시위도 한미 FTA 개정 당시 광우병의 위험성을 무시한 미국산 소고기 수입 재개를 두고 벌어진 미국에 대한 '굴욕 외교'로 인해서 그 도화선에 불이 붙은 것이었다. 그러나 2010년대를 거치면서 미국 패권주의에 대한 과거와 같은 반감은 슬그머니 자취를 감추기 시작했다. 2017년 8월에 갓 출범한 문재인 정부의 사드 배치에 찬성하는 여론이 71%나 되었다는 기사를 읽었을 때 처음에 내 눈을 의심할 정도였다. 2000년대만 해도 엄청나게 격렬한 시위들이 터졌을 법한 사안이며, 비판자들의 눈에는 '친미 굴종'으로 보였을 만한 정책인데, 여론이 왜 정부의 이와 같은 결정을 이렇게도 순순히 받아들이는가 싶었다. 그러나 생각해보면 답은 명확하다. '반미'를 망각하게끔 만든 '혐중'의 시대가 한반도에 찾아왔기 때문이었다.

촛불 행진들이 벌어졌던 2008년만 해도, 한국인들의 중국에 대한 호감과 비호감 정도는 각각 약 43%로 거의 같은 수준이었다. 그러나 2017년에 이르러 상황은 크게 달라졌다. 미국의 여론 조사 기관인 퓨리서치센터에 의하면 2017년에 중국에 대한 한국인들의 호감도는 비호감 61%, 호감 34%였다. 2021년 현재 중국에 대한 호감도는 22% 정도로 떨어졌다. 비호감의 정서가 77%

에 이르러 호감의 정서보다 무려 3.5배 높은 것이다. 2019년 기준으로 한국 전체 무역액의 26.5%를 차지하고 약 72조 원의 무역 흑자를 안겨주는 이웃이자 파트너에 대한 이런 태도는 꼭 자연 발생적인 것만은 아니다. '혐중'의 진원지는 '유커(游客, 중국 관광객)'로 돈벌이하는 상인이나 중국 시장을 놓치면 안 되는 수출 기업의 회사원들이 아닌, 상당수가 미국에서 공부하고 온 경험이 있는 여론 주도층이다. 그러면 이들이 가진 중국관의 기본 문제는 과연 무엇인가?

그 전에 먼저 한 가지 단서를 달겠다. 나는 중국을 이상화한다거나 혹은 미화할 생각은 추호도 없다. 우리에게 지금 필요한 것은 1980년대 운동권이 보였던 '현실 사회주의'에 대한 비현실적인 미화도 아니고, 최홍재처럼 전향해서 극우파가 된 운동권 출신의 뉴라이트들이 내세우는 구미권 '자본주의 문명'의 이상화된 모습도 더더욱 아니다. 우리와 운명적으로 떼려야 뗄 수 없는 관계에 있는 중국에 대한 객관적인 이해와 그 이해를 기반으로 해서 성립된 균형 잡힌 중국관이 필요하다.

이미 1980년대에도 그랬듯이, 지금 중국의 '사회주의'는 그저 '명분'에 불과하다. 중국은 관료 자본주의 국가이며 압축적 성장을 추구하는 개발주의 국가다. 거기에다가 오늘날 중국의 국경은 소련의 압력으로 독립을 쟁취한 몽골만 빼면 청나라 시대의 국경 거의 그대로다. 즉, 중국은 태생적으로 '제국'이다. 이 제국의 판도에 들어오게 된 변경의 많은 소수민족들은 자의로 중국 공민이 된 것이 전혀 아니고 '중국인'이 될 의사도 그다지 없다. 그리고 과거의 엘리트들을 제거한 혁명을 거친 사회인 중국에서는, 혁명 주도 세력의 후계자들이 '당'의 형태로 사회, 경제, 문화 전반에 대한 철저한 지배('영도)를 하고 있다. 말하자면 (그 기원은 좌파적인) 권위주의 사회인 셈이다. 개발주의, 제국, 그리고 권위주의…. 누가 봐도 이러한 조합은 당연히 수많은 폐단을 낳을 수밖에 없다. 실제로 환경 파괴나 일부 소수민족에 대한 강압적인 지배부터 노동 착취, 민주 노조를 조직하려고 시도하는 운동가들에 대한 탄압까지 '중국의 문제'들은 셀 수 없을 정도로 많다.

그렇다고 해서 '혐중'은 정당한가? 절대 아니다. 왜냐하면, 위에서 말한 문제 중 어느 하나도 중국만의 문제는 아니기 때문이다. 노동 착취와 민주 노조의 부재? 그것으로 돈을 버는 것은 우선적으로 한국 기업을 포함한 외국 투자 기업들이다. 최근에야 퇴조를 보이긴 하지만, 2013년까지만 해도 한국 기업들의 중국 투자는 아세안(ASEAN) 전체 투자보다 더 많았다. 중국의 공해 문제를 연구하는 나의 동료 연구자의 분석을 보면 베이징과 같은 도시의 대단히 높은 대기오염도는 주민들의 기대 수명을 3년씩이나 줄일 정도로 건강에 치명적이다. 그러나 이러한 열악한 조건에서 생산되는 저가 제품들은 여태까지 세계 주요 기업들을 살찌우면서 신자유주의적인 실질임금 동결, 즉 선진국에서의 인건비 절감을 가능하게 했다. 1970년대부터 실질임금이 오르지 않은 미국 노동자들은 중국산 저가 상품을 소비하면서 버텨낼 수 있는 것이다. 변방의 소수민족이나 홍콩 같은 서방과의 중계무역 중심지에 대한 억압은, '제국' 중국의 문제이기도 하지만 동시에 열강 사이의 역학 관계 문제이기도 하다. 1930~1940년대 소련은 신강(新疆, 신장) 지역에 대해 커다란 영향을 미쳤으며, 미국은 티베트 무장 독립운동을 1972년까지 지속적으로 지원해왔다. 중국도 제국이지만 중국과 경쟁 내지 협력하는 다른 대국들은 과연 무엇인가? 그리고 당 메커니즘을 통해 인재들을 발굴, 배치함으로써 기층민 출신들에게도 일정한 '신분 상승의 기회'를 주는 중국식 권위주의가 과연 민중을 '억압'만 한다고 볼 수 있을까?

중국의 개발 방식은 세계에 희망은 아니지만 비난만 받아야 할 것도 아니다. 중국도 그저 세계 전체와 함께 고통의 길을 걷는 것이다. 사드 배치와 같은 미국식 '중국 견제'는 중국 인민의 고통을 덜어주기는커녕 오히려 더 증폭한다. 우리가 가야 할 길은 미국 혹은 중국 제국을 일방적으로 편드는 일 없이 중국의 현실을 냉정하게 지켜보면서 개발주의나 제국적 지배의 피해자들과 연대하는 것이 아닐까?

6장

미래-사라져야 할 것들,
와야 할 것들

코로나가 무너뜨린 신화들

나는 코로나가 한참이었을 때 주로 집에 있었다. 오슬로대 캠퍼스가 코로나로 당분간 폐쇄되어 직장에 가고 싶어도 갈 수 없었다. 그나마 다행히도 노르웨이에서는 프랑스나 이탈리아와 달리 식료품과 약을 구입하는 목적 외에도 단순한, 잠시의 외출은 허용됐다. 1945년 제2차 세계대전 종전 이래 최악의 위기를 겪는 유럽에서는 그조차도 고마운 '사치'로 느껴질 정도였다. 그런데 가끔 산책을 즐길 수 있는 것도 언제까지 허용될지 알 수 없을 만큼 코로나가 한참이었을 때는 노르웨이에서의 삶이 불안했다. 코로나 사태 초기인 2020년 3월, 노르웨이의 인구 대비 확진자 수는 한국의 거의 4배나 될 정도였다. 상황이 이러하니 주민들의 외출에 대한 규제들도 언제 강화될지 알 수조차 없었다. 그런데도 나는 절대 불평하지 않았다. 재택근무를 할 수 있었던 데다 실직 위기에 몰릴 일 없는 나 같은 공무원들은, 미증유의 참극을 겪고 있던 상황에서 거의 특권층에 해당되었기 때문이다. 특히 집중 타격을 받은 서비스업이나 여행·숙박·항공업 등에서 휴직과 해고가 속출하여 평상시 3%에 불과했던 노르웨이의 실업률은 한때 10%를 넘었다. 하기야 미국에서 코로나가 한참이었을 적에 한때 기록했던 약 13%의 실업률에 비하면 이것은 그나마 괜찮은 수준이었는지 모른다.

지금 세계경제가 전망할 수 있는 최상의 시나리오는 2008년 금융위기 이후 이어진 다년간의 성장 둔화, 침체 같은 것이다. 물론 '양적 완화'와 엄청난 자금의 주식시장 유입 등으로 빚어낸 주식 버블 등이 터져 심각한 경제 위기가 발발할 수도 있다는 시나리오도 배제할 수는 없다. 그러나 앞으로의 세계경제 사정이 어떻게 되든 간에, 지난 2년 동안의 코로나 사태 속에서 적어도 세 가지 신화는 무너지고 말았다고 자신 있게 이야기할 수 있다.

첫째, '선진국' 신화다. 근대로의 전환이 더 빨랐던 구미권 '선진국'들을 모방해야 한다는 것이 여태까지 한국인들의 지배적 집단의식이었지만, 코로나 위기는 이 의식이 얼마나 허구적인지 잘 보여주었다. 구미권이 근대로 먼저 나아갔다고 해도, 신자유주의 시대를 거치면서 공공성을 크게 약화시켜온 구미 국가들은 이제 무조건 선망할 대상이 되지 못한다. '선진국'들은 동아시아 국가들이 신종 바이러스와 고전하는 상황을 지켜보면서도 기업들의 이해관계를 우선시하는 바람에 제때 선제적으로 대응하지 못해 귀중한 시간을 잃었다. 특히 만성적인 예산 부족 등에 시달리던 이탈리아와 스페인의 공공 의료는 상당한 부실함을 드러냈다. 영리 목적이 강한, 미국의 민영 병원 위주 의료 시스템이 팬데믹 대응에 전혀 적합하지 않다는 것은 이미 미국 스스로도 인정하는 사실이다. '선진국' 일본의 경우, 검사를 적극적으로 하지 않아 지금까지 드러난 확진자 수는 빙산의 일각에 불과할 수 있다고 CNN과 같은 주요 서방 언론사들이 보도하는 판이다. 상당수 전문가들도 코로나 확진자 수에 대해 조직적 은폐 의혹이 짙은 것으로 보고 있다. 공공 의료 시스템에 대한 부족한 예산 지원이나 바이러스 확산에 제대로 대응하지 못하는 영리 의료, 재난 규모의 은폐와 축소 의혹 등을 과연 '선진'적이라고 할 수 있을까? 배울 점이 있다면 당연히 배워야 하지만, 이번 사태를 통해 '선진국'들의 민낯을 본 사람들은 아마도 더 이상 '선진국' 신화에 현혹되지 않을 것이다.

둘째, '미국' 신화다. 신자유주의 이전의 미국, 예컨대 제2차 세계대전 시절의 미국은 정부 주도로 무기 생산을 시급히 확충시키는 등 국가가 산업구조에 개입하여 비교적 능숙하게 재난을 극복했다. 그러나 지난 40여 년 동안 신자유주의의 지배를 거치면서 미국은 이러한 능력을 거의 상실한 듯하다. 이를테면 의료 설비 부족이 드러나도 국가가 처음에는 생산에 개입하기를 주저해 재난에 대비할 귀중한 시간을 낭비했다. 바이러스 위협이 계속 남아 있고 확진자가 지속적으로 늘어나는 상황에서 제약업체에 대한 국가의 통제와 공공 의료 시스템으로의 전환이 절실히 필요한데도 그런 기미가 보이지 않았다. 본격적이고 장기적인 대책을 수립하는 대신에 트럼프 전 대통령은 중국에 책임을 돌리기에 바빴고, 확진자가 증가하는 상황에서도 '부활절 이후의 경제활동 재개'를 거론하는 수준이었다. 이런 무책임과 인명 경시는 단기적 이익 본위의 신자유주의적 사고를 아직도 반성하지 못하는 미국 지도층 일각의 정신 상태의 일면을 보여주었다고 볼 수 있다. 그간의 지속적인 '중국 탓하기'가 중국인과 외관상 식별이 가지 않는 모든 재미 아시아계 소수자들을 정신 나간 인종주의자들의 폭언과 폭력에 노출시키고 있었는데, 트럼프는 개의치 않았다. 종족적 소수자, 그리고 코로나 확진자 수가 가장 많은 노약자층 등의 인명과 인권을 더 이상 보호하지 못하고 보호하려 하지도 않는 국가가 세계의 '리더'를 여전히 자처할 수 있을까? 이후 백신 접종으로 뒤늦게 상황을 개선시켰지만, 미국의 위상이 이번 코로나 사태로 상당히 추락한 것은 사실이다.

셋째, '시장'의 신화다. 시장이 마스크를 필요로 하는 모든 사람에게 마스크를 공급할 수 없음을 우리는 여실히 보았다. 몇 년 전만 해도 기본소득이나 소비 진작을 위해 주민들에게 국가가 현금을 지원하는 것은 '급진적 주장'으로 인식되었지만, 지금은 미국 같이 비교적 보수적인 나라마저도 국민들에게 재난지원금 등 현금 지원을 하고 있다. 상당수 항공사 등이 부도를 피할 수 없는 상황을 맞이하자 이제 항공업과 같은 사회 필수 시설은 국유화해야 한다는 이야기도 나오기 시작했다. 시장만으로는 대형 위기를 돌파할 수 없음이 이번 코로나 사태로 명백해졌다. 앞으로 세계경제의 위기 내지 침체 국면에서 대중의 구매력을 증진시키기 위해서는 엄청난 규모의 국가 개입과 국가 주도의 재분배 정책이 불가피할 것이다.

　시장주의 정책으로 일관했다가 공공 시스템의 부실을 떠안게 된 미국을 비롯한 '선진국'들은 이제 팬데믹 위기의 '약한 고리'가 됐다. 그들을 포함해서 팬데믹 이후의 세계는 과거 신자유주의 시대와 상당히 다른 모습을 보일 것으로 예상된다. 경제 위기나 침체를 극복해나가기 위해서는 1930년대 미국의 뉴딜을 방불케 할 수준의 국가적 경제 개입이 필요할 것이고, 앞으로는 경제에 대한 국가의 통제와 함께 공공 부문, 그리고 재분배 장치들이 대대적으로 강화될 것으로 보인다. 한국도 이 세계적 추세에서 결코 예외가 될 수 없다. 앞으로는 공익·공공성 위주의 경제 모델과 복지국가로의 전환을 할 것이냐의 여부보다, 한국형 복지국가가 구체적으로 어떤 모습을 갖추어야 할 것인지가 2022년 대선과 그 후 사회의 핵심 화두 중 하나가 될 것이다.

'취소'된 겨울의 한가운데에서

나는 어렸을 때부터 1월에는 꼭 스키를 탔다. 고향 레닌그라드 (오늘날의 상트페테르부르크)도, 현재 거주하는 오슬로도 북위 60도에 위치하고 있어 1월에는 보통 강설량이 풍부했다. 그러나 2020년에 나는 거의 한 번도 스키를 타지 못했다. 난생처음 겪는 일이었다. 아무리 눈 씻고 찾아봐도 스키를 탈 만큼 눈이 쌓인 곳을 어디에서도 찾을 수가 없었다. 멀리 산에 가거나, 아예 비행기를 타고 북부 노르웨이로 가지 않는 한 말이다. 겨울이어야 할 1~2월에도 오슬로의 기온은 영상 2~6도 정도로 가을처럼 비가 눈 대신 줄줄 내리고 있었던 것이다. 1월 평년 기온은 영하 2~3도 인데, 2020년에는 기온이 이 정도로 떨어진 적이 거의 없었다. 주위 사람들은 "겨울이 이번에 취소됐다"라며 쓴웃음 섞인 농담을 주고받곤 했다. 줄줄 내리는 빗소리를 들으며, 노르웨이뿐만 아니라 전 지구를 덮치려는 커다란 재앙의 도래를, 대부분의 사람들이 감지하고 있었다.

지구온난화는 이제 가설이 아니고 매일 몸으로 확인할 수 있는 현실이다. 사실 노르웨이보다 이 현실 속에서 한국이야말로 훨씬 더 많은 피해를 보고 있으며 앞으로는 더욱더 많은 피해를 볼 것이다. 2018년 8월 2일처럼 서울의 밤사이 최저기온이 30.3도 정도 되어 시민들이 잠을 이룰 수 없었던 초열대야 현상만을 가지고 하는 이야기가 아니다. 계속되는 해수면 상승은 2100년쯤 되면 군산이나 목포가 침수 위협에 놓인다는 것을 의미한다. 태풍은 과거보다 더 파괴적일 가능성이 크고 가뭄은 더 잦아질 것이며 쌀 생산량은 현재의 5~10% 정도로 감소할 수 있다. 종합적으로 인구가 과밀하고 경작 가능한 면적이 제한된 데다가 삼면이 바다인 한반도는 스칸디나비아에 비해 기후변화에 훨씬 더 취약할 것이다. 그런 차원에서 스칸디나비아보다 한국에서 기후 위기 대책의 문제가 여론의 공간에서 훨씬 덜 의제화된 것은 이해하기 어렵다. 기후 이변의 문제야말로 '백년대계'가 절실히 필요한 문제인데 말이다. 무엇보다 다음과 같은 두 부분은 한국 사회가 깊이 고민해봐야 한다.

첫째, 인류의 장기적 생존 자체가 위협에 놓인 이 시점에 여전히 '성장 동력'을 논하는 보수 언론들은 과연 어느 행성에서 살고 있는 것인지 궁금하기만 하다.

앞으로 이 지구에서는 성장이 아니고 생존이 가장 시급한 문제가 될 것으로 전망된다. 온난화가 가장 심한 타격을 줄 생산 부문의 하나는 아마도 농업일 것이다. 이미 지금도 일부 연구에 의하면 세계 농업이 기후변화에 적응하기 위해서 해마다 치러야 하는 추가 비용은 140억 달러 정도다. 앞으로 20~30년 동안 이 상기온과 한발, 농지 침수 등에 따른 세계적 식량 가격의 비정상적 폭등이 예상되며, 대부분의 연구자가 2050년 이전까지 기후 이변이 세계적으로 평균 5~25% 정도의 실질 식량 가격의 인상을 가져올 것으로 내다본다. 그러나 구체적인 상황 전개에 따라 일부 품목의 가격 폭등 폭은 훨씬 더 클 수도 있다.

그러므로 지금은 성장 동력 운운하기보다는, 이런 비상 상황 속에서 한국의 식량자급률이 48.9%, 곡물자급률이 23.4%라는 것부터 마땅히 걱정해야 한다. 한국의 보수 언론들은 걸핏하면 '선진국'을 들먹이는데, 그들이 가장 선호하는 미국의 식량자급률은 124%이며 프랑스는 111%, 독일은 80%, 이탈리아는 63%다. 참고로 북한의 식량자급률도 90% 정도로 추정된다. 산업화한 나라들 가운데에서는 한국이야말로 온난화가 가져올 식량 문제에 가장 무방비로 노출되어 있는 편이다. 젊은이들의 귀농 환경 조성 그리고 도시 농업 등의 국가적 장려야말로 현재로서는 가장 시급한 의제가 아닐까?

둘째, 지구온난화는 일부 지역이 더 이상 인간이 거주할 수 없는 곳이 된다는 것을 의미한다.

예컨대 지금도 방글라데시는 해마다 국가 면적의 약 18%가 홍수로 침수된다. 온난화 속도와 해수면 상승 속도에 따라 여러

가지 시나리오가 존재하지만, 2100년에 이르면 방글라데시 면적의 대부분이 영구적으로 침수될 확률도 제시된다. 방글라데시의 총인구는 지금 1억 6,000만 명이다. 방글라데시뿐인가? 역시 온난화 시나리오마다 수치가 다르지만, 기후변화로 인한 난민의 총수는 최악의 경우 2060년에 약 14억 명, 2100년에는 약 20억 명이 될 수 있다고 추산된다. 이 재앙을 인류 전체가 만들어낸 이상, 이 재앙이 발생시킬 이재민에 대한 책임 역시 인류 전체가 짊어질 수밖에 없다. 한국도 세계의 일부분인 이상 결코 예외가 아니다. 한국은 현재 방글라데시 방직업에 대한 최대의 투자국이다. 방글라데시의 저임금 노동 착취로 큰돈을 벌고 있는 입장에서 방글라데시에서 발생할 이재민의 일부에 대해서라도 선진국 한국이 책임을 져야 한다는 것이 아마도 세계 여론일 것이다.

사실 자연재해로 인한 이민의 증가는 재앙이 아니라 '기회'이기도 하다. 어차피 2028년부터 인구 감소가 시작될 대한민국에 고령화가 급속히 진전되면 '일손'부터가 대단히 많이 필요할 것이다. 2067년에 이르면 한국 총인구의 46.5%가 65세 이상의 노인일 것이라고 한다. '성장'? 이런 상황에서 현재 생활수준이라도 유지하고 현재 보유한 인프라라도 가동시키려면 매해 상당수 이민자의 유입이 절실히 필요할 것이다. 식량 위기 대책의 문제처럼, 기후 난민 폭증에 따른 대량 이민의 시대를 준비하는 것은 대한민국에 장기적 생존의 문제다.

그러나 이민자 대량 유입의 시대에 대비하자면 현재 이민 정책을 원점에서 재검토해야 할 것이다. 현재는 주로 여성인 결혼 이민자들은 사실상 동화시키고, 남성이 비교적 많은 고용허가제 노동자들은 단기 체류만 허용하고 결국 본국으로 내보내는 것이 대한민국 이민 정책의 뼈대다. 그러나 대량 이민의 시대에는 여성 이민자들에게 김치 담그기를 가르치고 명절에는 한복을 입혀 시어머니에게 큰절을 올리게 하는 행사들이 상징하는 동화 정책이 바람직하지도 가능하지도 않을 것이다. 이민자들이 한국의 공공 공간에서는 한국어를 쓰더라도 그들의 소사회 안에서는 각각 그 민족어를 계속 사용하고 고유 풍속들을 지켜나가는, 진정한 의미의 다문화 사회를 이해하고 용인하는 새로운 세대를 우리는 이제부터 길러내야 한다. 세계사가 선택과목이고, 그 내용 중에서도 예컨대 많은 이민자를 발생시킬 동남아시아에 대한 부분이 극히 적은 오늘과 같은 교육 체계를 가진 사회로서 이는 결코 쉬운 과제가 아닐 것이다.

인류 전체를 덮칠 재앙을 한국이라고 해서 결코 피할 수는 없을 것이다. 단, 지금부터라도 '백년대계'를 세워 계획적으로 대비하기 시작한다면 현재보다 다양하고 관용적인 사회를 만드는 '기회'로 삼을 수 있을 것이다.

'팽' 당하는 신자유주의와 K

나는 2020년 미국 대선의 상황을 대단히 흥미롭게 지켜보았
다. 지난 40년 동안 미국이야말로 전 세계에 신자유주의적 모델
을 강요해온 나라다. 우리는 '1997년 외환위기와 신자유주의 도
입'이라고 하지만, 사실 25년 전에 한국에 신자유주의를 도입하
게 한 것은 국제통화기금 뒤에 숨어 있었던 미국의 대자본이었
다. 한국은 국제통화기금을 통해 신자유주의를 이식당했지만, 주
요 국유 기업들의 전면적 민영화를 거부한 유고슬라비아와 이라
크는 각각 1999년과 2003년에 이런저런 핑계로 미국의 침공까
지 당해야 했다. 리비아의 지도자 무아마르 카다피(Muammar
Gaddafi, 1942~2011)가 미국을 맹주로 하는 북대서양조약기구
(NATO)의 폭격 등으로 그 정권의 몰락을 겪고 죽임을 당해야
했던 주요 배경 중 하나는, 미국이 그를 공개적으로 '자원 민족주
의자'로 지목한 것이다. 카다피가 펴온 자원 국유화와 '제3세계형'

복지 정책은 미국이 주도해온 신자유주의 세계에서는 용서가 불가능한 '이단의 죄'였다.

그런데 이제 미국 자국부터 '이단'으로 넘어가고 말았다. 도널드 트럼프 전 대통령은 대놓고 사실상의 신보호주의 정책을 활용했다. 수입 의존을 줄여 자국 생산을 다시 장려하려는 것이었다. 그 덕에 미국 제조업에서 오래간만에 대규모 일자리 창출이 시작되어 트럼프 재임 기간에 약 50만 명이 신규 고용됐다. 고전적 신자유주의는 경쟁 우위 이론대로 저임금 국가에서 가공된 상품을 미국과 같은 고임금 국가가 수입하는 것을 '정상'으로 여겼지만, 트럼프 행정부는 자국 고용 창출과 '국가 안보'를 상대적 경쟁 우위보다 더 우선시했던 것이었다. 이는 타국의 이해관계를 고려하지 않는 자국 이기주의라는 측면에서 충분히 비판받아야 마땅한 접근이었지만, 좌우간 1981년부터 1989년까지 미국 대통령을 지냈던 로널드 레이건(Ronald Reagan, 1911~2004) 이후의 신자유주의와는 거리가 멀었다. 트럼프가 보호주의자였다면, 그의 대항마로 나서려 했던 버니 샌더스는 고전적 사민주의자이자 케인스주의자에 가까웠다. 그의 '그린 뉴딜' 정책은 환경 위기를 고려한 현대판 케인스주의적 경기 부양책, 구매력 확대 정책이라 해도 과언이 아니었다. 거기에 비하면 나중에 대통령으로 당선된 조 바이든(Joe Biden, 1942~)의 1조 달러 이상의 인프라 구축 등 공공 지출 관련 공약들은 케인스주의적 색채가 짙었다. 보호주의자와 사민주의자, 그리고 케인스주의자 사이의 대결에서 신자유주의적 담론들은 거의 그 자취를 감추고 말았다. 지금 '작은 정부'나 '트리클 다운(trickle down, 대기업의 성장을 촉진하면 덩달아 중소기업과 소비자에게도 혜택이 돌아가 총체적으로 경기를 활성화시키게 된다는 경제 이론)'을 거론하는 대중적 정치인들을 만나기는 쉽지 않다. 신자유주의 이론을 믿어줄 대중은 아무리 눈을 씻고 찾아봐도 더 이상 어디에도 보이지 않기 때문이다.

신자유주의의 요람인 미국이야말로 역설적이게도 가장 빨리 신자유주의의 무덤으로 변하고 있지만, 크게 봐서는 유럽의 상황 또한 '신자유주의의 점차적 후퇴'라고 규정해도 크게 틀리지 않을 것이다. 이를테면 프랑스의 온건 우파 정권이 다소 신자유주의적 색채를 띤 연금제 개혁을 강행하려 했지만 전국적이며 격렬한 저항에 부딪혀 결국 주춤하게 됐다. 지난 10여 년 동안 프랑스의 역대 정권 모두가 복지 지출을 줄이기 위해 이런저런 복지 제도 개악들을 시도해봤지만, 그 결과를 보면 결국 지출이 줄어들기는커녕 오히려 더 늘어났다. 2008년 공황 당시 프랑스 정부의 복지 지출은 프랑스 국내총생산 대비 28%를 차지했지만 2020년에는 31%로 더 늘었다. 아무리 줄이려고 발악을 한다 해도 과소소비, 과잉생산의 위기에 직면한 후기 자유주의 시대에는 복지 지출을 통해 하층과 중간층의 소비력을 강화시키지 않는 이상, 소비자들의 소득이 주도하는 서비스업 위주의 경제를 운영할 수 없다. 그러니 특정 국가, 특정 정부의 이념적 색깔이 무엇이든 간에 복지 지출만큼은 꾸준히 늘어나거나, 적어도 그때까지의 수준이 그대로 유지된다. 극우파가 통치해온 폴란드 같은 나라도 2008년 당시 국내총생산 대비 20%를 차지하던 복지 지출은 지금 21%가량 된다. 유럽의 최대 경제 대국인 독일은 복지 지출의 비율이 최근 몇 년간 큰 변동 없이 국내총생산 대비 25% 안팎이다. 신자유주의가 '복지 삭감'을 의미한다면, 진정한 의미에서의 신자유주의 국가는 최근의 유럽에서 찾아보기가 어려울 것이다.

중국과 베트남, 1990년대 말 이후의 러시아, 그리고 이란 등은 아예 처음부터 국가 주도의 자본주의 체제를 지향해왔지만 최근에는 '국가 주도'라는 부분이 더욱더 선명하게 드러났다. 국가가 보유한 국유 자산은 중국의 경우 2008년 당시에는 국내총생산의 130%에 불과했지만 2020년에는 무려 240%나 됐다. 2010년만 해도 전체 은행 융자금의 48%가 민간 기업들에 돌아갔지만 이제 그 비율은 10% 정도밖에 되지 않는다. 은행이 제공하는 자금 흐름의 83%가 국유 기업에 흘러들어가는 형국이다. 신자유주의의 교과서와 정반대로 중국에서는 국가 부문이 계속 커지고 또 동시에 복지 지출도 꾸준히 늘어나고 있다. 복지 지출을 포함하여, 전체 정부 지출이 국내총생산에서 차지하는 비율은 지난 20년 동안 1.5배나 늘어난 것이다. 1990년대에는 국유 기업의 민영화나 정부 지출 삭감 등을 골자로 하는 '워싱턴 컨센서스'가 전 세계를 호령했다면, 이제는 '중국 모델'이 카자흐스탄에서부터 터키에 이르기까지 수많은 신흥 시장들에 본보기가 되는 것이다. 사실 (바이든 대통령도 크게 바꾸지 않은) 트럼프의 자국 제조업 보호 정책이야말로 어떤 면에서 중국이 고수해온 산업 진흥 정책을 방불케 하는 것이기도 했다. 트럼프가 일으킨 미-중 무역 분쟁을 생각하면 아이러니하게 보이지만, 미국이 중국과 싸우면서 그대로 중국을 닮아간다고 할 수도 있다.

물론 신자유주의의 후퇴는 아직도 '종말' 수준은 아니다. 가장 중요한 것은 총임금 억제 정책이 주요 경제에서 완전히 철회되지는 않았다는 것이다. 여전히 저임금의 불안정하고 불량한 일자리가 양산되고, 여전히 워킹 푸어(일하는 빈민) 계층의 규모는 줄지 않는다. 앞으로 구미권의 정치적 투쟁의 중심은 트럼프처럼 보호주의 정책을 통해서 자국 자본의 이윤 저하를 상쇄시키려는 우파 보호주의·신권위주의 세력과 대중적 구매력의 확충을 통해 위기 국면을 돌파하려는 샌더스 같은 신사민주의 세력 사이의 대결일 것이다. 서방 블록에 맞서고 있는 중국, 러시아, 이란 같은 세계 체제 준주변부의 경쟁 세력들에서도 앞으로는 갈수록 '시장'보다 '국가'의 역할이 더욱더 중심적일 것이다.

신자유주의가 더 이상 세계적으로 대세가 아닌 만큼 한국의 진보 세력들도 신자유주의로 기울어져 있는 한국 국가·사회 체제의 전면적 탈신자유주의화를 좀 더 과감하게 주장해야 한다. 샌더스 현상에서도 알 수 있었듯이, 앞으로 비정규직의 정규직화와 무상 고등교육, 무상 의료야말로 세계적 시대정신에 해당될 것이다. 비정규직 고용 사유의 제한을 어떻게 둘 것인가, 등록금 없는 대학을 어떻게 만들 것인가, 국민건강보험의 보장성을 어떻게

100%로 올릴 것인가, 국민연금을 어떻게 현실화시켜 노인층 빈곤율을 감소시킬 것인가 등은 진보의 핵심적이고 구체적인 과제가 되어야 할 것이다.

K, '예외적' 민주화를 '지속 가능한' 민주주의로

요즘 세계가 돌아가는 모습을 보면 볼수록 한 가지 해묵은 신화를 더 이상 믿지 못하게 된다. 근대사회가 경제적으로 발전하면 필연적으로 민주화가 뒤따른다는 신화다. 공업화가 진행되어 결국 1인당 국민소득이 어느 정도에 달하면 민주주의를 지향하는 근대적 대중의 요구에 따라 결국 민주주의가 온다는 것이 이 신화의 내용이었다. 사회학자 시모어 립셋(Seymour Lipset, 1922~2006)이 1959년에 소득 증가와 민주화 사이의 인과관계에 대한 이 가설을 내놓은 뒤로 '사회가 근대화되고 부유해지면 민주주의가 발전된다'라는 주장은 오랫동안 학계의 통설에 가까웠다.

하지만 나는 이 가설이 사실에 맞지 않는다는 것을 최근에 뼈저리게 느낀다. 첫째, 구매력 기준으로 각국의 1인당 국민총생산을 보면, 가장 부유한 나라들의 축에 카타르 같은 절대군주국과 함께 실질적으로 권위주의에 가까운 체제를 운영하는 '형식적 민주국가'인 싱가포르 등이 들어 있다. 오히려 기록적인 부의 축적은 권위주의적 행정부가 분배할 수 있는 자원을 늘림으로써 민주화운동의 동력을 약화시킨다는 분석이 나올 정도다. 둘째, 같은 지역에 위치한 이웃 사회들을 보면, 권위주의 국가가 민주주의 국가보다 오히려 더 부유할 때가 많다. 대놓고 비자유민주주의를 선호하며 중국을 학습한다고 선언한 빅토르 오르반 총리가 장기 집권하는 헝가리는, 비교적 더 민주적인 이웃 국가인 슬로바키아보다 1인당 소득이 약간 더 높다. 한국이 속한 동아시아 지역에서는, 구매력 기준으로 본 1인당 국민총생산에서 당-국가 체제를 운영하는 중국(1만 7,000달러)이 다당제가 비교적 잘 정착된 몽골(1만 2,000달러)을 압도한다. 셋째, 도널드 트럼프 치하의 미국에서 확인된 것처럼, 오랜 민주주의 발전을 경험해온 '정통 민주국가'마저도 이제 가면 갈수록 권위주의적 경향을 노골적으로 드러낼 수 있다. 경제가 아무리 성장해도 민주화보다 오히려 탈민주화야말로 신자유주의 시대의 대세로 보인다.

　이와 같은 흐름에 비추어 보면 한국의 성공적 민주화는 합법칙적이고 예상된 결과라기보다 차라리 '예외'로 보인다. 싱가포르 등과 달리 한국은 왜 1980년대 말~1990년대 초에 민주화를 지향하게 됐는가? 그리고 어떤 이유로 극우적 보수 일당 지배의 틀이 오히려 더 공고화된 이웃 일본과 달리 2017년에 적폐 정권을 뒤엎어 세계적 탈민주화 속에서도 재민주화에 성공했는가? 1987년 민주화의 동력, 그리고 2017년 재민주화의 동력을 올바

6장 미래-사라져야 할 것들, 와야 할 것들

르게 평가해야만 이웃 4강인 미·중·일·러와 달리 부재하거나 퇴보하지 않고 오히려 최근에 더 강하게 정착된 한국 민주주의가 앞으로도 유지될 수 있는 '조건'을 이해할 수 있을 것이다.

　1987년의 동력은 크게 봐서 군부독재의 두 가지 치명적 결점, 즉 민족적·국민적 정통성과 재분배 정책의 부재였다. 예컨대 세계 패권 국가인 미국과 동등하게 '맞짱'을 뜰 수 있음을 계속 과시하는 중국의 당-국가 체제와 대조적으로 전두환 군부는 미국의 보호막 밑에서 자국민을 학살한 정권이었다. 또한, 공공 의료보험이나 연금을 운영해온 일본의 자민당이나 공공 임대주택 시스템을 운영해온 싱가포르의 인민행동당과 달리 전두환 독재 시절은 복지 또는 재분배의 황무지였다. 국민건강(의료)보험이나 국민연금은 1987년 이후, 성난 민심을 수습하려던 노태우 정권에 의해서 비로소 전 국민을 대상으로 전면 시행이 이루어졌다. 정도의 차이야 있지만, 2008~2017년 사이에 집권했던 적폐 정권들도 같은 문제들을 드러냈다. 이명박 정권 초기의 대미 굴욕 외교는 2008년의 첫 촛불 저항을 불러왔으며, 인권과 함께 아픈 역사를 무시한 2015년의 이른바 한-일 '위안부 문제' 합의는 박근혜 정권의 지지율을 상당히 떨어뜨렸다. 조사마다 조금씩 다르지만, '위안부 합의' 파기나 재협상을 요구한 여론은 적게는 약 60%, 많게는 75% 정도로 압도적이었다. 미·일에 굴종하는 적폐 정권은, 동시에 자국민들에 대한 재분배도 소홀히 했다. 이명박 정권 초기에 약 8%였던 국민총생산 대비 공공복지 지출은 박근혜 정권 말기에 10%가 되었지만, 노령화하는 초저출산 사회의 복지 수요에 턱없이 못 미치는 조족지혈이었다. 거기에다가 적폐 정권의 기록적 부패와 무능이 더해지면서, 결국 정권 몰락과 재민주화로 이어졌다.

촛불 민심은 1차적으로 박근혜 정권의 부패와 무능에 분노했지만, 본질적으로는 주권이 더 공고하고, 노동자 등 다수에 대한 보호와 재분배를 통해서 민생이 더 안정된 나라를 원했다. 이 두 가지 욕구가 충족되면 온건 보수 또는 온건 자유주의가 한국 정치의 중심축으로 그 자리를 굳혀 민주주의가 장기적으로 확고부동하게 뿌리를 내릴 것이다. 그러나 만약 이 두 문제에서 현재 자유주의 정권이 끝내 좋은 성적을 내지 못한다면 극우가 또다시 정권을 잡아 민주주의의 근간을 흔들 가능성도 앞으로 얼마든지 있다. 한국과 여러모로 가까운 미국에서 벌어졌던 극우 포퓰리즘의 광란이나 일본에서 지속되는 극우 신민족주의자들의 장기 집권만 봐도 그런 시나리오가 결코 비현실적이지 않다는 것을 실감하게 된다.

'동맹' 속에서의 한-미 관계는 그 본질상 평등할 수가 없다. 어디까지나 애초부터 후견국과 피후견국 사이의 관계다. 그러나 그 틀 속에서도 다수가 지지할 수 있는 주권 확립을 위한 행보는 얼마든지 가능하다. 북한과는 유엔 제재가 금지하지 않는 인도적 교류나 인적 교류, 문화 교류를 늘릴 수 있으며 역경 속에서도 평화공존을 향한 의지를 더 확고하게 드러낼 수 있다. 마찬가지로 한국에 백해무익한, 미국이 주도하는 각종 중국 '견제'의 포위망에 한국이 참여하지 않을 것을 천명하는 것도 주권 확립의 한 가지 방법일 것이다.

이와 동시에 시급하게 필요한 것은 포괄적 복지국가 건설을 위한 장기적 로드맵이다. 현 정권은 임기 말인 2022년까지 국민건강보험의 보장성을 70%까지 높이겠다고 약속한 바 있지만, 그보다는 이탈리아나 슬로베니아 등 한국과 경제 수준이 비슷한 대부분의 나라가 이미 운영 중인 무상 의료라는 이상을 언제, 어떻게 도달할 수 있을지에 대한 장기적 비전이 필요하다. 그리고 코로나가 공공 의료의 중요성을 일깨워준 만큼, 공공 의료 병상 비율을 세계 최저에 가까운 현재의 10%에서 적어도 30%까지 어떻게, 언제까지 늘릴 수 있을지 자세한 비전을 밝혀야 한다. 대학 평준화, 무상 교육을 향한 행보와 함께 '마음 놓고 아플 수 있는 나라' 만들기는 한국형 복지국가 프로젝트의 핵심일 것이다. 주권 확립과 함께 현재 집권 중인 자유주의 세력이 이런 프로젝트를 내놓을 수 없으면 차후 언젠가 '적폐 정권 시즌 2'를 또다시 맞이할 가능성도 배제할 수 없다.

2020년, 어떤 시대의 종말

코로나 사태가 한참이었을 무렵, 그 혼란한 변화 속에서 2020년이 저물어갔다. 이로써 2010년대가 끝을 맺게 됐다. 그러나 더 넓게 봐서는, 코로나의 난리통에 벌어진 또 다른 '종말들'이 앞으로의 세계사적 흐름을 크게 결정지을 것이다.

첫째, 1945년 이후 전후 수정자본주의가 낳은 '중산계급 사회'는, 신자유주의의 위기 속에서 파탄을 맞았다. 이 파탄이 가장 가시화된 곳은 바로 신자유주의를 세계적으로 선도해온 미국이다. 현재 최상위 1% 미국인의 세금 공제 이전의 소득이 전체 소득에서 차지하는 비율은 19~20% 정도 된다. 이 비율은 1960년대만 해도 10%밖에 되지 않았는데, 지금과 같은 수치는 양극화가 극심했던 1910~1920년대의 수준으로 회귀한 것을 의미한다. 이 같은 상황의 한편에서는 가면 갈수록 더 많은 최하위층 미국인들이 극심한 '기아' 상태에 빠진다. 1930년대 초반의 대공황 시대처럼 말이다. 믿기지 않겠지만, 텍사스주 휴스턴에서는 아동 4명 중 1명이 종종 돈이 없어 배고픔에 시달릴 정도다. 미국 전역으로 확대해서 본다면 총인구의 약 8분의 1이 적어도 간헐적으로 기아에 노출된 실정이다. 자본주의 세계의 종주국인 미국은 전전(戰前)의 시대처럼 다시 한 번 그들만의 별천지에서 사는 부유층과 계속 줄어드는 중간 계층, 그리고 점차 증가하는 중인, 언제 기아 상태로 떨어질지 몰라 불안에 떠는 중하층과 하층으로 나뉜 상태다.

둘째, 전후의 '중산계급 사회'와 함께 구미권의 세계적 헤게모니도 이제 드디어 본격적인 종말을 맞기 시작했다. '중산계급 사회'는 1945년 이후에 생겨났지만, 구미권의 헤게모니는 18세기 말, 노예무역과 노예노동 등을 통한 사탕수수 농장의 경영 등으로 축적된 자본을 원천 삼아 영국이 공업화를 처음으로 이루어낸 것에서 비롯되었다. 그러나 오늘날 '공업'에 한정해서 살펴보아도, 세계 제조업 총생산에서 아시아가 차지하는 몫(약 52%)은 유럽 전체와 북미를 합친 구미권(40%)을 훨씬 능가한다. 현재 영국의 공업 생산량은 한국 제조업 생산량의 60% 정도밖에 안 된다. 아시아는 이제 18세기 중반 이래로 다시 한 번 세계 '생산'의 중심이 됐다. 지금 미국과 같은 구미권의 대표 주자가 그나마 여전히 세계적 패권을 보유하고 있는 분야는 금융과 군사, 본래부터 군사와 연결되어 성장한 일부 정보기술, 학술, 그리고 엔터테인먼트 정도다. 그러나 학술 분야만 해도 이미 4년 전에 중국 학자들이 과학·기술 분야의 국제 학술지 논문 게재율을 20%나 차지하면서 미국 학자들의 그것(16%)을 뛰어넘었다. 엔터테인먼트 분야로 말한다면 내가 아는 수많은 러시아나 노르웨이 청년들에게는 지금 미국의 팝보다 한국의 케이팝이 훨씬 더 친숙하다. 군사적 우위는 미국이 보유한 '최종의 카드'이지만, 이 카드의 유효기간 역시 약 20~30년 내로 만료될 수도 있다. 해군 군함의 보유 척수로 보면, 중국 해군은 이미 미 해군을 능가할 정도다. 종합해서 말하면 아마도 2040~2050년대쯤 되면 거의 250년간 지속된 구미권의 패권은 종언을 고할 것이다. 2010년대가 저물어가면서 구미권 헤게모니의 종말도 드디어 가시권에 들었다.

셋째, 아시아의 개발이 구미권의 독점권을 깸과 동시에 기후 위기가 심화되는 과정에서 '개발' 자체가 반성의 도마 위에 올랐다. 만약 세계 평균기온이 2100년까지 3도 정도 오른다면, 중국 상하이는 아마도 엄청난 침수 위험에 부딪힐 것이며, 그 지역에 거주하는 주민 1,700만 명이 기후 난민이 될 확률도 높다. 중국이 지금의 계획대로 2049년쯤에 세계 최강대국이 된다 하더라도, 곧 들이닥칠 기후 참사는 역사적 성취를 거의 무의미하게 만들 것이다. 임박한 기후 참극은 세계 진보의 패러다임을 지난 10~20년 동안 극적으로 바꾸어놓았다. 역사적으로 20세기의 진보는 '개발'을 향한 집착을 보수와 그대로 공유해왔다. 분단 시대의 한반도만 해도, 중공업 위주의 산업화는 오히려 남한보다 북한에서 훨씬 더 일찍 이루어졌다. 그런데 이제 진보는 저개발 지역의 개발, 그리고 산업화 결실의 더 평등한 분배와 함께 지구적 생산 총량의 제한, 즉 세계적 규모의 탈성장(degrowth)을 외칠 수밖에 없게 됐다. 여태까지 개발 기회를 박탈당했던 지역들은 그 기회를 나누어 가질 권리가 있지만, 이미 산업화된 지역에서는 이제 기후 위기 등 생태계의 문제를 의식해서 생산 총량을 동결하거나 하향 조절하여 그 결실을 좀 더 동등하게 나누어야 한다. 그리고 한국은 탈성장 이념이 적용되어야 하는, 이미 고도로 산업화된 지역 중 한 곳이다.

한국에서 신자유주의로의 전환은 미국보다 17년 더 늦게 이루어졌다. 미국과 달리 제조업 공동화 현상도 아직까지 뚜렷하게 나타나지 않는다. 그래서 운 좋게도 미국과 같은 규모의 사회적 파탄은 모면할 수 있었다. 그렇다고 해서 안심할 수 있는 것은 아니다. 미국 정도로 기아에 노출된 인구 비율이 높지는 않지만, 코로나 사태 이전에도 한국의 고교생 중 약 8%는 밥을 종종 굶는 결식 청년이었다. 여기에 코로나까지 덮쳐 취약 계층의 상황은 이제 더더욱 악화됐다. 구미권의 패권이 약화되어가는 이 시대에 아시아의 다른 신흥 산업사회들과 함께 한국도 세계의 새로운 중심으로 부상했지만, 이 국제적 위상의 대대적 제고만으로 다수의 한국인이 절로 행복해지는 것은 결코 아니다. 부유층이나 중상층에게 여유 자금이 더 많아진 만큼 집값도 천정부지로 계속 오르는 추세다. 그리고 크게 오른 국제적 위상과는 대조적으로, 제조업 대국인 한국은 기후 대책과 관련된 국제적 의무를 제대로 다하고 있지 않다. 대통령 자리에 올라서는 안 됐을 사기꾼 이명박이 14년 전부터 '저탄소 녹색성장'을 약속했지만, 현실은 정반대다. 한국의 온실가스 배출량은 지속적으로 증가했으며, 지금은 세계 7위다. 1인당 배출량은 비슷한 산업구조를 가진 일본이나 독일보다 오히려 더 높다. 2019년에 저먼워치, 뉴클라이밋연구소, 기후행동네트워크 등이 발표한 '기후위기대응지수(CCPI) 2020'을 보면 한국은 주요 61개 산업국가 중 58위(26.75)로, 거의 모든 면에서 실패하고 있는 나라인 미국(18.60) 정도로 낮다.

아시아 시대의 세계적인 핵심 국가 중 하나로 떠오르고 있는 한국은, 미국식 신자유주의 모델을 완전히 벗어나 친환경 복지국가로 가지 않는 이상 자국민에게 행복을 가져다주지도, 바깥 세계에 모범을 보여주지도 못할 것이다. 한 시대가 종말을 맞이하는 지금이야말로, 한국식 생태형 복지국가 모델 전환의 장기적 비전을 심각하게 고민해야 할 때다.

당신이 몰랐던 K

초판 1쇄 인쇄 2021년 12월 31일
초판 1쇄 발행 2022년 1월 7일

지은이   박노자
펴낸이   이상훈
편집인   김수영
본부장   정진항
인문사회팀   김경훈 권순범 원아연
마케팅   김한성 조재성 박신영 조은별 김효진
경영지원   정혜진 이송이

펴낸곳   (주)한겨레엔 www.hanibook.co.kr
등록   2006년 1월 4일 제313-2006-00003호
주소   서울시 마포구 창전로 70 (신수동) 화수목빌딩 5층
전화   02) 6383-1602~3 | 팩스 02) 6383-1610
대표메일   book@hanibook.co.kr

ISBN   979-11-6040-753-2 03300